대안적 삶의 형식
―기술 시대 인간의 삶에 대한 한 반성―

대안적 삶의 형식

—기술 시대 인간의 삶에 대한 한 반성—

A. 바루치 지음/양우석 옮김

서광사

이 책은 Arno Baruzzi의 *Alternative Lebensform ?*
(Freiburg/München : Verlag Karl Alber GmbH, 1985)을
완역한 것이다.

대안적 삶의 형식 :
기술 시대 인간의 삶에 대한 한 반성

A. 바루치 지음
양우석 옮김

펴낸곳 • 서광사
펴낸이 • 김신혁
출판등록일 • 1977. 6. 30.
출판등록번호 • 제 5-34 호

(130-072) 서울시 동대문구 용두 2 동 119-46
대표전화 • 924-6161 팩시밀리 • 922-4993

제 1 판 제 1 쇄 펴낸날 • 1996년 9월 20일

ISBN 89-306-1206-7 93160

옮긴이의 말

"이 책은 경제, 학문, 정치 특히 기술 영역에 있어서 자율(Autonomie)과 효율(Effizienz)의 위기를 다룬다. 이는 하이데거(M. Heidegger)의 기술 철학(Technik-Philosophie)에서 출발하는 대안적 기술의 문제(Probleme einer alternativen Technik)에 대립하여, 수단과 폭력의 연관성을 해명하기 위한 것이다. 바루치는 대안적 가작성(die alternative Machbarkeit)의 중심 원리를 분석한다. 그는 민주화와 사회화라는 정치 운동에 있어서의 가작성의 유토피아를 제시한다. 고전적 실천 철학 특히 아리스토텔레스를 바탕으로 하여 삶의 형식에 대한 문제를 제기하면서, 이것이 과연 오늘날 어떻게 관조, 기술, 실천, 무위(無僞)에서 가능한지에 대해 답하고자 한다."*

지은이는 서양 근세 이래의 정치, 경제, 사회, 문화, 학문을

---

* 이 글은 원서의 뒷표지글에서 인용하였다.

지배해 온 철학적 중심 범주를 "가작성"에서 찾는다. 그에게 가작성이란 현대 20세기 서양 기술 문명을 비로소 가능하게 한 사상적·철학적 토대이다. 그는 이 토대가 사실은 존재론적 지평을 상실한 유토피아에 지나지 않음을 폭로하고, 그 대안으로 "놓아 둠"(Seinlassen)이라는 그리스 철학적 태도를 견지할 것을 제안한다.

서양 기술 문명은 이미 오래 전에 서양의 범위를 벗어나 급기야 세계 전체를 지배한다. 서양 문명의 핵심은 가작성(可作性)이라는 정치 철학적·기술 철학적 기본 범주이며, 이 가작성의 핵심은 지칠 줄 모르는 인간의 욕심과 욕망의 폭력성 이외에 아무것도 아니다. 서양 사회가 역사적으로 내세워 온 자유, 진보, 민주, 평화는 오직 이 폭력을 바탕으로 한 가작성, 인간 이기주의의 결정체 없이는 불가능했던 것이다. 그러므로 이 모든 것은 "유토피아"와도 같다. 왜냐하면 가작성은 언제나 자신이 지향하는 바의 반대를 성취해 왔기 때문이다. 이처럼 가작성의 내용이 "유토피아적"이지만, 그것이 엄연히 존재하고 나아가서 이 세계를 지배한다는 사실은 부정할 수 없다.

그렇다면 어떻게 이토록 가증스러운 가작성의 폭력에서 벗어날 수 있겠는가? 바로 이 가작성의 폭력을 보여주는 대표적 영역을 기술로 본다면, 기술이란 인간이 원하면 받아들이고 그렇지 않으면 거부할 수도 있는 것이 아니다. 좋든 싫든간에 기술과 더불어 살아갈 수밖에 없는 것이 현대 후기 산업 사회의 적나라한 삶이다. 하이데거가 말하듯이 기술은 "게슈텔"(Gestell)로써 인간을 몰아간다. 이에 대한 지은이의 해답은, 하이데거와 그리

스 철학에 힘입어 "테오리아", "놓아 둠", "무위"(Nichtstum)의
초연한, 기술과의 거리를 유지하는 삶의 태도를 견지하는 일이
다. 그러나 이것은 궁극적 해답이 아니라 인간에게 결단을 요하
는 하나의 과제로 남는다. 인간이 스스로의 결단에 의하여 이러
한 삶의 태도를 자신의 삶 가운데 실천한다면 그는 마침내 가작
성의 폭력에서 벗어나 기술 세계와 화해·공존하는 유연한 삶을
누리겠지만, 그렇지 않다면 그의 삶은 가작성의 폭력에 의해 망
가지고 말 것이다. 인식과 삶이 반드시 일치하는 것은 아니기 때
문이다.

《대안적 삶의 형식》(A. Baruzzi, *Alternative Lebensform?*, Freiburg/
München, 1985)이라는 간단한 제목만으로는 책 내용이 잘 드러나
지 않는다고 사려되어 "기술 시대 인간의 삶에 대한 한 반성"이
라는 부제를 붙여 보았다. 지금으로부터 10여 년 전에 출간된
책이지만 이 책은 여전히 생동하는 현실적 문제들을 다루고 있는
것으로 여겨진다. 다만 소련과 공산주의 제국이 무너지기 이전
에 출간된 책이므로 현재의 상황과는 다소 배치되는 부분도 있다
(3장 3절). 여기서 다루어지는 전반적 주제는 기술 철학 혹은
문화·정치 철학의 한 분야로 보여진다. 또 한 가지 주목할 만한
사실은, 지은이가 하이데거와 그리스 철학의 지평에서 논의를
진행시키면서도 이에 못지 않게 헤겔의 사유 지반을 시종 일관
유지한다는 점이다. 지은이는 이 책 이외의 다른 저서들*에서도

　＊ A. Baruzzi, *Mensch und Maschine*(München, 1973), 70~76면 ; *Die
　　Zukunft der Freiheit*(Darmstadt, 1993), 200~228면 참조.

헤겔을 기술 철학적 맥락에서 다룬다. 지은이의 이러한 일련의 고찰은 아마도 헤겔 철학이 기술 철학적 시각에서 새로이 조명될 수 있으리라는 가설을 강화시킨다. 바로 이 점이 옮긴이로 하여금 이 책을 끝까지 옮길 수 있도록 격려해 주었다.

이 책을 옮기는 데 많은 도움을 준 나의 아내, 친구 하리 (Harald Kern), 베르네케 박사(Dr. Jörg Wernecke) 그리고 백정혜, 변미영 선생에게 깊은 감사를 드린다. 또한 이 졸역의 출간을 위하여 긴 세월을 각고해 주신 서광사 김신혁 사장님, 배민숙 편집장님, 홍인경 님 외 편집부 여러분께 심심한 사의를 전해드린다.

1996년 7월 13일
아우크스부르크에서
옮긴이 양우석

대안적 삶의 형식
기술 시대 인간의 삶에 대한 한 반성

대안적 삶의 형식
기술 시대 인간의 삶에 대한 한 반성

대안적 삶의 형식
기술 시대 인간의 삶에 대한 한 반성

한국어판 서문

삶의 형식을 다루는 이 책에 부제를 붙였다면 아마 가작성(可作性, Machbarkeit)*의 문제를 좀더 상세하게 지시할 수도 있었

* 이 책의 중심 범주인 "Machbarkeit"는 "조작 가능성", "작위성", "가행성"(可行性), "제작 가능성", "만들 수 있음" 등으로 옮길 수도 있겠지만 결국 "가작성"을 택하였다. 이것이 기타의 다른 번역보다 더 낫다고 볼 수는 없겠지만 원의에 가장 충실하다고 사려되어 감히 파격적인 선택을 했다. 그러나 독자들에게는 낯선 느낌을 줄지도 모르겠다. 이 말에는 만들다(machen)와 폭력적 힘(Macht)이라는 두 계기가 포함된다.
  가작성은 정치・기술 철학적 기본 범주로서 근세 이래의 서양 문명을 가능하도록 한 긍정적 계기를 포함하는 반면, 실재적 (real)으로는 가능하지 않은 이법적 가능성(理法的 可能性, ideale Möglichkeit)을 의미하기도 함으로써("유토피아") 부정적 계기인 폭력성도 띤다. 실제로 가능하지 않은 것도 강제적・폭력적으로 가능하도록 만들어야 한다는 강한 폭력적 요구가 숨겨

을 것이다. 아니, 어쩌면 "가작성"이라는 표제가 더 나았을지도
모르겠다. 나는 한국어판의 독자들이 갈릴레이 (G. Galilei)와 홉
스(Th. Hobbes)가 언명한 가작성—근세적 원칙들에 반영된 가작
성—에 관한 문제를 분명히 알고 이 책을 읽기를 바란다. 근세
의 삶은 인간이 자유의 가작성 (Machbarkeit der Freiheit)을 주도하
는 지경에까지 이르른, 가작성의 자유에 있어서의 진보(ein
Fortschritt in der Freiheit der Machbarkeit)이다. 바로 여기서 서양적
사유와 서양적 삶의 형식이 도달하기는 했으나 이제 의문스럽게
되어 버린 "자유"의 이해 및 개념이 안고 있는 규모와 숙명을 보
게 된다. 그래서 나는 《자유의 미래》(Die Zukunft der Freiheit)에 대
해 묻게 되었다.

번역된 《대안적 삶의 형식》과 《자유의 미래》는, 현재의 우리
가 이 전통으로부터 벗어나기 어려울 뿐만 아니라 지금 동양인까
지도 겪게 된 서양의 전통을 비판한다. 이는 동양의 여러 나라나
바로 한국과 같은 나라들이 언제까지나 서양의 사유에 빠져서 자

져 있는 것이다.
  가작성을 가장 단적으로 대표하는 영역 중의 하나가 기술
(Technik)이다. 기술은 근세 이래 서양 문명의 집약태로서 유용
성 (Nützlichkeit)과 폭력성 (Gewaltsamkeit)이라는 양면성 (Am-
bivalenz)으로 특징지어진다. 기술 이해와 기술 비판, 따라서 가
작성의 이해와 비판은 이 양립성에서 출발하고, 또한 이 양립성
으로 귀결되지 않으면 안 된다. 기술이나 가작성은 인간의 자유
로운 선택에 의하여 비로소 가능해지는 것이 아니라, 인간에게
필연적인 본질 가운데 있기 때문에 가능해지는 것이다—옮긴
이 주.

기 자신을 각고해야만 하느냐의 문제이기 때문이다. 이 책의 마지막 장(章)이 서술하듯이, 가작성의 자유의 시대에 처하여 "삶의 형식에 대한 물음을 제기하는" 한국의 동료들에게 감사한다.

　아우크스부르크 대학에서 공부하는 동안 이 책에 처음부터 각별한 관심을 가지고 있었고, 그러기에 번역에 대한 신뢰를 갖게 해준 옮긴이에게 특히 감사드린다.

1995년 7월 6일
아우크스부르크에서
아르노 바루치

머리말

"대안", "대안들", "대안적 삶의 형식들" 등의 말은 한 마디로 표현되지만 다의적이고 그 의미 영역도 대단히 넓다. 대안적(代案的, alternativ)이란 한편으로는 무엇을 다르게, 또 다른 한편으로는 보다 좋게 만들려 함을 뜻한다. 이렇게 보면 어떠한 영역도 대안적 사유와 대안적 행위를 벗어날 수 없을 것 같다. 다르게 일하기, 다르게 살림살이 하기, 또는 부드러운 기술, 정치 심지어는 폭력, 혁명 등에 이르기까지도 그러하다.

 1) 대안적 사유에서 실례가 될 뿐 아니라, 기술 시대에 처해 있는 삶에 대하여 중심적 의미를 가지는 대안적 기술의 문제를 고찰한다(2장 2절). 이 장(章)은 대안적 사상가가 아닌, 이 시대의 철학자인 하이데거(2장 1절)로 시작된다. 대안적 계획의 목록을 바탕으로 하여 우리 모두의 숙명적 과제인 수단과 폭력의 연관성을 다룬다(2장 3절).

2) 삶에 필요한 재화(財貨, Güter)에 대하여 문제를 제기하고
계속해서 밝혀 나갈 가작성의 근본 특징을 살펴본다. 가작
성은 삶의 형식과 그 안에서의 안주(Aufenthalt)가 불가능해
진 유토피아적 삶의 영역으로 옮아간다(3장).

3) 재화의 문제(Güterfrage)는 역사상 처음으로 삶의 형식을 구
분하고 또 제안했던 고전적 실천 철학으로 거슬러 올라간
다. 오늘날 과연 어떻게 삶의 형식 즉 실천(Praxis)이 실제로
존재할 수 있는가에 대한 몇 가지 대답을 시도한다(4장).

4) 가작성은 인간을 매우 지치게 하므로, 연구는 역사의 뿌리
의 문제와 더불어 시작하여 가작성을 인간의 근세적 의지가
가지는 자율과 효율의 연관성에서 고찰한다(1장).

삶의 형식에 대한 물음은 우선 대안에 대한 점증하는 요구에
의하여 고무된 것이 사실이지만 이를 넘어서 가작성이라는 현존
하는 심오한 문제이기도 하다. 대안이란 다른 것이든 새로운 것
이든 무엇인가를 만들어 내려는 가작성의 범주이다.

1 자율과 효율

1. 경제, 학문, 정치

"다른 나라보다 많은 것들을 가지고 있으면서도 이처럼 적은 유용성을 산출해 낸 나라는 결코 없을 것이다. … 인구의 70%가 도시에 사는데, 도시는 늘어나는 자동차로 인한 교통 체증으로 움직일 수 없이 되었고, 산업 시설의 빠른 증가로 질식할 정도이며, 물로 인하여 중독되었는가 하면, 소음 때문에 귀가 멀 지경이며 범죄로 인해 공포 분위기가 조성되어 있다."[1] 1972년에 미국의 한 대통령은 국가 상황에 관한 보고서에서 이렇게 말하고 있다. 이 발표는 경험적 조사에 바탕을 두고 있다. 이는 사회에 대하여 전환과 대안적인 삶의 형식(alternative Lebensform)을 요구

---

1) R. Garaudy, *Die Alternative. Ein neues Modell der Gesellschaft jenseits von Kapitalismus und Kommunismus* (Wien-München-Zürich, 1973), 58면.

하는 비판과 맥을 같이하는데, 그것은 그 당시는 물론 오늘날인 1985년 현재의 산업 사회 상황에도 들어맞는다. 근세의 발전에서 구축되었던 산업과 자유 시장은 자연의 지배, 더 나은 세상의 제도, 더 많고 새로운 재화(財貨, Gut)를 소유하는 삶, 새로운 삶의 가능성, 끝으로 새로운 자유, 즉 자율을 가져왔다.

자율에는 근세인과 현대인을 움직여 온 중심적 요인이 있다. 칸트 이래로 자율의 가치에 관하여 논의되어 오고는 있지만, 르네상스의 모든 사상가들, 특히 그 중에서 피코 델라 미란돌라 (G. Pico della Mirandola)는 우주적 자기 규정(die universale Selbstbestimmung)이 인간 본래의 과제임을 밝혀낸 유명한 저작《인간의 존엄성에 관한 호소》(Oratio de dignitate hominis, 1486)에서 이 자율에 대해 말한다. 자율은 르네상스와 더불어 근세적 승리의 연속을 시작한다. 피코의 초기 저술은 인간을 자기 자신의 "판단자이며 평가자(arbitrarius honorariusque), 창조자이며 형성자(plastes et fictor)"로 나타내어 인간이란 자기 자신의 "정신이 소유하는 결단-판결(animi sententia)"[2]에 의해서 살아간다고 한다. 이는 인간이 자기-결단(Selbst-Entscheidung)하는 존재임을 드러내 준다.

자율 즉 자기 규정은 본격적으로 전개된다. 자율을 가장 근사하게 나타내며 칸트[3]가 의미하기도 했던 자기 법칙 부여 (Selbstgesetzgebung), 또한 홉스[4]에 의해서 설정된, 인간은 자기

---

2) G. Pico della Mirandola, *De dignitate hominis* (lat. u. deutsch, Bad Homburg, Berlin, Zürich, 1968), 28면 참조.

3) I. Kant, *Grundlegung zur Metaphysik der Sitten*, 2장 참조.

4) Th. Hobbes, *De corpore*, P.I., 1장, 8절 참조.

스스로 만든 것만을 이해한다는 원칙 등이 모두 여기에 속한다.
이러한 인식 이론 및 사회 이론에는 자기 제작(Selbstherstellung)
이 나타나 있다. 로크로부터 마르크스[5]에 이르기까지의 노동 이
론(Arbeitstheorie)은 인간의 자기 제작 및 자기 소유(Selbstbesitz),
그리고 자기 사유(칸트)[6]는 결국 자기 정초라는 최고의 요구에
봉착하고 만다는 계몽주의의 원칙에 바탕을 둔다. [7]
  결국 자율은 인간이 모든 것을 손아귀에 쥐고 존재와 비존재
(was ist und was nicht ist)를 결단하는 심판정이며, 또한 철저한 자기
규정, 세계를 인간의 세계로 규정함(die Bestimmung der Welt als
einer Welt des Menschen)을 뜻한다. 이렇게 보면 자율이란 궁극적
으로 자유의 개념을 밝혀주는 분명한 정의(Definition)인 것처럼
보이지만 반면에 여전히 다의적인 의미를 담지하는 애매한 말이
다. 철학 사전만이 부분적으로 유사하면서도 동시에 상반된 세
가지 의미, 즉 자기 규정성, 자기 법칙 부여, 자기 법칙성 등을
열거하는 것은 아니다. 자기 법칙성(Eigengesetzlichkeit)이란 다시
세 가지를 의미한다. 첫째, 인간, 집단, 사회, 국가는 고립적·
독립적으로 규칙 및 법칙을 부여할 수 있고, 둘째, 과정들
(Prozesse) 및 인간에 있어서의 과정들은 자율적으로 진행하며(식

5) A. Baruzzi, *Einführung in die politische Philosophie der Neuzeit* (Darm-
   stadt, 1983), 63면 이하 참조.
6) I. Kant, *Was heißt : sich im Denken orientieren?* (특히 마지막 각주)
   참조.
7) A. Baruzzi, *Recht auf Arbeit und Beruf?* (Freiburg / München, 1983),
   14면 이하, 특히 18면 참조.

물의 신경 계통도 자율적으로 진행한다), 셋째, 일단 시작된 과
정은 자립화하여 자기 자신의 법칙성을 발전시킬 수 있다(예를
들어 행정, 관료 정치와 같은 자율적 제도).

자유의 근본 개념에는 불가피하게 설정할 수밖에 없는 어려움
들이 여전히 남는다. 이 개념을 그대로 방치하거나 혹은 오늘날
근본 개념들에서 흔히 그렇듯이 새로운 규범어를 도입한다면 문
제는 철학적으로 볼 때 너무 간단하게 학문적으로 해결될 수 있
을지도 모른다. 그러나 자율에 관하여 언급할 때 요구되는 것이
무엇인지를 알기 위해서는 전체적인 의미 범위를 계속 안중에 두
어야 한다. 우리는 철학적·분석적으로 구별하기 위하여 우선
역사적 개념으로서의 자율(피코로부터 칸트에 이르기까지 위에
서 언급한 바와 같은 근세적인 자유의 경험에 대하여), 유비적
개념으로서의 자율(특히 자동 기술학과 자동 제어학(Kybernetik)
에 있어서의 자율적 체계에 대하여), 인간의 철학적-정치적 근
본 개념으로서의 자율이라 할 수 있는 자기 존재(Selbstsein)로 구
분할 수 있다. 이 마지막 의미의 자율에는 많은 사전들이 자율이
라는 단어에 할애하고 있는 독립성, 자기 책임성(Eigenverantwort-
lichkeit)이 집약되어 있다.

나는 이 구분을 건드리지 않을 것이다. 한편으로 인간의 자유
가 자율에서 기원함에도 불구하고 다른 한편으로는 경제, 학문,
기술과 같은 자율적 제도의 영역이 어떻게 해서 인간의 자율에
봉사하고 그것을 증가시키기까지 하면서도 그 반면에 그 자율을
감소시키고 급기야 폐기시키고 마는가 하는 것은 흥미로운 일이
다. 형이상학적으로 이 말은 자율이 마치 기계 장치로 된 하느님

(deus ex machina)처럼 인간을 침입했음에도 불구하고 여전히 인간의 자립성, 본래적 자기 존재, 독립성 및 자기 지배성(Selbstherrlichkeit)을 의미하는 것 같다. 이는 인간 가운데 있는, 인간을 위한 자율로부터 자율 가운데 있는, 자율에 지배받는 인간에 이르기까지의 긴장이다. 인간이란 자율의 주인인 동시에 노예이기도 하다.[8] 이처럼 변증법적이고도 불가해한 역설적 언설은 그 무엇을 이해하려는 것이 아니라 다만 자율에 나타나는 문제의 상태를 암시한 후에 다음 장부터 고찰하려는 것이다.

자율은 인간이 활동하는 기초 영역인 경제, 학문, 기술의 영역을 지배한다. 그 중에서 경제가 첫번째로 손꼽히는 이유는 특히 경제에서 자율과 결부된 문제, 즉 경제적 사유 원리(das ökonomische Denkprinzip)와 경제적 행위 원리를 중시하는 효율이 두드러지게 나타나기 때문이다. 효율이란 효용성(Wirksamkeit) 및 경제성(Wirtschaftlichkeit)을 의미한다. 우선 경제, 학문, 정치의 영역에서 얼마나 효율과 자율이 착잡하게 뒤엉켜 있는지를 알아볼 것이다. 이는 기술을, 인간이 자율과 효율에 안주해 있을 경우 실제로 어떠한 일이 일어나는지에 대해 알게 되는 영역으로 특징짓기 위한 것이다.

경제는 효율을, 학문은 진리를, 정치는 자유를 지향하는데, 그 목적들이 문제이다.

경제는 구매하기에 열악한 많은 상품을 생산하며, 생명을 송두

---

8) 여기에 나의 첫번째 자율 비판의 시도인 A. Baruzzi, *Europäisches "Menschenbild" und das Grundgesetz für die Bundesrepublik Deutschland* (Freiburg / München, 1979), 23면 이하, 107면 이하 참조.

리째 위협할 뿐만 아니라 경제적으로도 위험한 원자력 발전소까
지 보유하는 대규모의 기술이 투입된 설비에까지 도달해 있는 실
정이다. 오늘날 원자로가 실제로 경제적 전망이 있는지, 핵기술
이 경제 원리에 들어맞는지 등은 불분명하다. 경제의 근본 원리
는 실제로 유용한 것보다 높은 생산 단가를 요하는 상품을 생산
하지 못하도록 금한다. 매우 발달된 기술, 예를 들어 자동차 교
통에도 이러한 문제가 있다. 이미 오래 전부터 많은 연구들은 생
산비와 관련하여, 유용성이 점차 줄어들고 있다고 밝힌다. 생산
비와 유용성의 계산은 단순히 경제적으로만 고려된 비용에 제한
되어서는 안 되고 오히려 사회적·정치적, 아니 인간을 위한 비
용으로까지 확대되어야 한다. [9]

1) 미국은 자동차의 생산 비용을 제외한 상태에서 총에너지 비
용의 1/3을 자동차 교통에 지출한다.
2) 시간 절약의 관점에서 볼 때, 자동차를 타는 시간은 점차
길어지고 일하는 시간은 점차 짧아진다.
3) 생태계 즉 인간, 동물, 식물에 드는 비용, 건축에 드는 비

---

9) J. Robert, "Mythen der Geschwindigkeitsindustrie", in *Technologie
und Politik. Magazin der Wachstumskrise*, 제14권, hrsg. F. Duve
(Hamburg, 1979), 49면 이하 참조. 《기술과 정치》라는 시리즈
는 비판적으로 발표된 문헌으로 여겨지기 때문에 여기에 제시한
다. 그리고 대안적 삶의 형식과 가치의 변천에 관한 문제에 대
하여 매우 다양한 참고 문헌을 제시하고자 한다. 그 이상의 참
고 문헌은 2장의 각주 54, 55, 59를 참조하라.

용은 소음 공해, 대기 오염, 수질 오염으로 인하여 점차 증
가한다.

4) "교통은 전쟁 이상으로 죽음이라는 희생을 요하는 평화적
사업"[10]이라는 사실에서 발생하는 비용은 헤아릴 수 없을
정도로 많다.

5) 자동차 교통은 개인의 신체나 생명을 위태롭게 할 뿐만 아
니라 자유마저도 위협하는가 하면 점차로 많은 경제적·실
제적 곤란을 야기한다. 탑승자를 위한 공간은 점차로 제한
된다.

경제적으로 중요한 생산품에서는 효율의 경제 근본 원리의 관
점에서 볼 때 경제성 자체가 문제시된다. 오늘날은 효율의 경제
원리가 위협받는 형편이다. 비용-유용성-관계(die Kosten-Nutzen-
Relation)는 더 이상 맞아떨어지지 않고, 경제도 더 이상 경제적
으로 효율적이지 못하다. 물론 많은 생산 분야에서 소비를 초과
하는 잉여물을 생산하고 있으며 개별 생산에 있어서도 생산 초기
에 투입된 양보다 많은 생산 성과를 올림으로써, 실질적 생산성
을 높일 수 있게 되었다. 그러나 비용-유용성-계산(die Kosten-
Nutzen-Rechnung)을 엉망으로 만들어 버리는 부수 현상들이 나타
난다. 오늘날 기술적 생산에 있어서는 환경 보호-결과 부담(die
Umweltschutz-Folgelasten)이 뒤따른다. 이는 한갓 부수적 비용으
로 가산될 수 없는 것으로서, 사회 전체의 생산성을 고려해 볼

---

10) 같은 책, 61면.

때, 사회적·정치적·인문적 비용을 정당화하기 위한 비용의 증가가 아닌 감소로 분류되어야 한다.[11]

학문에서는 누구나 참된 언사(wahre Aussage)를 기대하기 마련이다. 오늘날에는 오히려 학문에서 신뢰성(Zuverlässigkeit)이라는 말을 자주 듣는다. 한 언표가 다른 언표에 대립할 수 있음은 "학문적 진리"와 그 신뢰성이 가지는 평범한 일이다. 특히 복잡한 일을 처리할 때 그렇다. 이때 신뢰할 만한 언표는 점차 불가능해진다. 예를 들어 "숲의 황폐화"라는 문제에서 학문은 현재는 물론 가시적 미래에도 피해의 전체적 복합성, 그 다양한 원인을 파악할 수 없다.

정치는 인간의 자유에 기여해야 한다. 자유는 최고의 정치적 재화로서 모든 국가 목표에 우선하며, 대체로 근세 헌법 국가의 통치 원리이다. 미국과 프랑스에서 가장 중요한 인권으로 간주되었던 로크의 생명, 자유, 재산이라는 공식을 상기해 보자.[12] 자유는 최상위에 있으며, 총괄적으로 인권을 말할 때는 자유권을 의미한다. 자유권은 오늘날 동서양 사회를 막론하고 한편으로는 전체주의 정치에 의해서, 다른 한편으로는 오래 전부터 비판받아 오고 있는 그대로 전체적으로(total) 법제화·행정화되어 버린 인간 집단의 관료주의 정치에 의해서 위협받는다.

근세에는 원자 공학, 유전 공학이 생명을 지구상에서 말살시키거나 그 본질을 뒤바꾸어 놓을 수도 있음을 간파하지도 못한

---

11) 이러한 계산 방식은 일본에서 처음으로 기획된 바 있다.
12) J. Locke, *Second Treatise of Civil Government*, IX, 123.

채 경제, 학문, 정치 등의 기초 영역에 생명을 위협하는 현상들
이 마구잡이로 침투해 있다. 경제가 그 자체로 위협받는 것은 자
기 스스로 효율의 원리를 지키지 않기 때문이다. 학문은 학문대
로 어떠한 진리도 기대할 수 없을 정도로 의문스럽게 되었고, 정
치도 자기 본래의 목표와 자율을 벗어나는 방향으로 치닫고 있는
실정이다.

앞에서 자율이 근본 원리임을 밝혔지만, 이는 단지 정치뿐만
아니라 학문과 그 진리, 경제와 효율까지도 규정한다. 물론 학
문과 자율 사이의 연관성은 잘 통찰될 수 있다고, 즉 근세의 데
카르트에서 칸트에 이르기까지("모든 철학은 … 자율이다")[13]
"코기토"(cogito, 나는 생각한다)라는 공식에 의하여 과학 이론적
으로 잘 증명될 수 있다고 반박할 수도 있을 것이다. 그러나 자
율과 연관을 맺고 있어야 할 효율은 어떠한가?

경제에서는 생산 과정이 효율적이어야 한다. 최고의 효율은
자유롭고 자율적인 시장 경제에서 나타난다. 이 자율적 시장은
효율의 법칙에 의해서 저절로 통제되었기 때문에 지금까지 유지
될 수 있었다. 수요와 공급이라는 시장 법칙에 수많은 효율의 문
제들이 잠재한다. 생산된 상품들은 수요를 촉진하고, 수요는 또
한 생산을 촉진한다. 이는 효율의 조직체이다.

작용인(作用因, Causa efficiens)이라는 철학 용어로 거슬러 올라
가 보자. 지금까지는 생산에서의 작용인을 인간이라고 생각했

---

13) *Nachlaßnotiz*(유고), in I. Kant, *Gesammelte Schriften*(Akademieaus-
gabe) (Berlin / Leipzig, 1936), 제21권, 106면.

다. 효율이라는 말은 일반적으로 사전적 정의에 따라서 효과,
경제성이라는 의미로 사용되어 왔다. 이제부터는 효과(Wirksam-
keit)라는 개념 안에 이미 포함되어 있는 작용하다, 야기시키다
라는 의미를 함께 사용하고자 한다.

효율은 전체적 생산성, 즉 생산 과정과 생산물의 판매, 구매
와 관련된다. 효율은 처음부터 끝까지 모든 것을 규정하며, 하
나가 다른 것을 포함하여 영향을 미치고 또 영향을 받는 원(圓)
을 이룬다. 이것은 오래 전부터 이미 자율적인 것으로서(als auto-
nom) 나타나는 시장 행위의 순환이다. 시장의 고유 법칙 이외에
도, 효율에서 드러나는 자기 작용(Selbstbewirkung)이 중요하다.
효율은 자기 스스로를 자립적으로 작용시킴으로써만 성립한다는
의미에서도 자율적이다.

2. 가작성의 원칙

학문, 정치, 기술의 영역에서 효율과 자율은 어떻게 연관되는
가? 효율의 문제가 나타나는, 앞에서 언급한 학문과 정치의 첫
번째 원칙을 다시 상기해 보자. 자연 과학과 정밀 과학적 개념에
타당한 갈릴레이의 원칙은 바로 "측정할 수 있는 것은 모두 측정
하고, 아직 측정할 수 없는 것은 측정할 수 있도록 만들어라"이
다. [14] 소유할 수 있는 것은 모두 소유하고, 아직 소유할 수 없

---

14) H. Weyl, *Philosophie der Mathematik und Naturwissenschaft* (München-

는 것은 소유할 수 있도록 만들어야 한다라는 정치적 원칙도 이
와 비교될 수 있다. 이 공식은 이미 로크에 있어서 간접적으로
발견되며, 그의 정치적 근본 공식을 토대로 하여 분명하게 공식
화될 수 있다. 로크는 인간과 정치를 "생명, 자유, 재산의 소
유"(Besitz von Leben, Freiheit und Eigentum) [15] 위에 정초한다.

소유할 수 있는 것은 모두 소유하라. 재산은 노동에 의해서 취
득되지만 이를 넘어서 생명과 자유를 소유하는 일이 중요하다.
근세가 해결하려 했던 모든 문제, 즉 지금까지의 재산의 범위를
훨씬 넘어서는 소유, 말하자면 건강·수명의 연장, 생명 일반
등의 생명의 소유와 자율로서의 자유의 소유 등의 광범위한 문제
가 여기서 비롯된다. 이처럼 증대하는 소유를 간단히 지적하는
것만으로도 벌써 정치적 소유 공식이 정확히 표현되며, 이는 역
시 소유의 공식으로 나타나는 학문적 공식과 비교될 수 있다. 학
문적·정치적 소유의 공식에서 나타나듯이, 학문에 있어서의 소
유는 측정에 의존한다.

이 두 공식은 자율과 효율의 원칙을 말해 준다. 측정하고 소유
하라? 측정할 수 있도록, 소유할 수 있도록 만들어라! 무엇을
측정할 수 있고, 소유할 수 있는가? 이 문제는 분명히 지식과
소유(Wissen und Besitzen)에 있어서 얼마나 진보하느냐에 달려 있
으며, 우선은 가능한 측정의 대상, 소유의 대상에 관한 문제가
아니라 오히려 측정하고 소유함에 있어서 어떠한 효율적 태도로

Wien, [3]1966), 177면.

15) Locke, 앞의 책, VII, 88 und IX, 123 참조.

임하느냐에 대한 문제이다. 측정할 수 있도록, 소유할 수 있도
록 만듦(machen)에 결정적 요인이 있다. 무엇을 측정할 수 있고
소유할 수 있는가? 바로 측정하고 소유할 수 있도록 만들 수 있
는 그것을 측정할 수 있고 소유할 수 있다. 이것이 만듦, 가작성
(Machbarkeit)의 문제이다.

측정할 수 있고 소유할 수 있도록 만들어라! 이것은 어떻게
가능한가? 이는 자유와 생명의 소유를 주장하는, 근세 초에 시
작된 새로운 소유의 영역이다. 그 이래로 소유의 과정(Besitz-
gang)에서 몇 가지 진보가 있었으므로 좀 색다른 방식으로 자유
의 소유가 가능해졌다. 소유할 길이 없던 것처럼 보이던 것을 이
제는 소유할 수 있게 되었다. 이 점을 분명히 밝혀주는 소유의
영역 중의 하나가 바로 법(das Recht, 法)이다. 소유의 영역은 확
실히 가작성을 토대로 하여 도처에서 증가해 왔다. 그러므로 근
세 초에 자리잡기 시작한 원칙을 다음과 같이 공식화할 수 있다.
만들 수 있는 것은 만들고, 아직 만들 수 없는 것은 만들 수 있
게 만들어라. 이 원칙은 나중에 홉스에게서도 발견된다. 그는
인간을 다음과 같이 만듦의 원칙 위에 설정한다. "선천적인 실증
적 인식이란 그러므로 오직 그 확증이 인간의 자의(Willkür) 자
체에 의존하는 사물에 의해서만 가능하다"(Ubi ergo generatio
nulla … ibi nulla philosophia intelligitur). [16]* 말하자면 인간이란 그
가 만드는 범위까지만을 이해한다. 홉스에 있어서, 인간이 세계

---

16) Th. Hobbes, *De corpore*, P.I., 1장, 8절.

* Th. Hobbes, *Vom Menschen. Vom Bürger*, eingel. u. hrsg. G. Gawlich
(Hamburg, 1959), 10장, 4절 참조—옮긴이 주.

에 살아남을 수 있는 최소한의 만듦의 프로그램 (Minimalpro-
gramm des Machens)이 요구된다면, 여기에는 이미 그 이상의 것,
즉 가작성에 대한 요구가 포함되어 있다.

측정하고 측정할 수 있도록 만들며, 소유하고 소유할 수 있도
록 만들어라. 이는 어떻게 가능한가? 측정이란 자연을 가지고
실험함으로써 (durch die Konstruktion des Experiments mit der Natur),
소유는 법의 구성, 홉스와 로크의 의미에서 볼 때는 사회 계약의
구성에 의해서 가능하다. 자연 과학에 있어서의 실험은 사회 과
학에 있어서의 법의 구성에 해당된다. 한편에서는 수치가, 다른
한편에서는 법이 척도이다. 더 이상의 비교도 흥미 있고 유익하
겠지만 당분간은 과제로 남겨 두기로 하자. 측정과 소유에 있어
서의 핵심이 중요하다. 측정과 소유에 있어서의 가작성은 인간
이 이 두 과정에서의 절차, 즉 전자에서는 측정 절차, 후자에서
는 법의 절차의 가능성의 조건을 구성한다는 사실에 의거한다.
이것이 곧 방법적 절차의 성취 및 구성이다. "정신의 기획"
(Mente concipio) (갈릴레이) [17]에서 보면 임의의 아무 절차나 취하
는 것이 아니라 규정된, 자기 규정된 절차만을 따른다. "세계를
인식하려는 사람은 우선 그 전에 세계를 설계해야만 한다. 즉 자

---

17) G. Galilei, "Mobile quoddam super planum horizontale projectum
    mente concipio omni secluso impedimento ... ", Discorsi IV (Beginn
    des 4. Tages), Opere XXIII, 221면. (E. Cassirer, *Das Erkenntnis-
    problem in der Philosophie und Wissenschaft der neueren Zeit,* 제1권
    (Darmstadt, 1974), 397면.) (Deutsche Ausgabe von Oettingen,
    217면 이하 참조.)

기 자신 안에서 설계해야만 한다(칸트). "[18] 이는 곧 자율의 길이
며 자율의 한 형태인 근세적 방법이기도 하다.

앞에서 이미 효율은 여러 가지 원칙들에 의하여 밝혀짐을 말한
바 있다. 측정할 수 있도록 만들고, 소유할 수 있도록 만들어라.
여기에 이미 자율의 문제만이 아니라 효율의 문제도 포함되어 있
다. 무엇인가를 소유와 측정이 가능하도록 만들어야만 한다. 측
정하고 소유한다. 이는 측정 및 소유의 자율이다. 자율이란 작
용으로서의 만듦(Machen als Bewirken)에 의해서 비로소 가능하므
로 다시금 효율에 의존한다. 자율은 효율에, 효율은 자율에 의
해서만 가능하다. 소유는 자유, 생명, 재산에 의해서, 측정은
자연 법칙에 의해서 비로소 가능하다.

어마어마한 효율과 자율이 자동 제어학에서 이룩되어 현대의
기초 과학, 기초 기술로 간주됨은 우연이 아니다. 다음과 같은
가작성의 원칙이 자동 제어학의 공식으로 첨예화된다. 즉 "규칙
화할 수 있는 것은 모두 규칙화하고, 규칙화할 수 없는 것은 규
칙화할 수 있도록 만들어라. "[19] 규칙화의 방법은 규칙의 범위
안에서 성립한다. 과학적으로 기초적인 원인-결과의 관계라는

---

18) *Nachlaßnotiz*, in Kant, *Gesammelte Schriften*, 42면.

19) H. Schmidt, "Regelungstechnik, Die technische Aufgabe und ihre
wirtschaftliche, sozialpolitische und kulturpolitische Auswirkung"(재
인쇄, 1941), in *Die anthropologische Bedeutung der Kybernetik.* 1941,
1953, 1954년에 출간된 세 가지 텍스트를 재구성한 것 (Grund-
lagenstudien aus Kybernetik und Geisteswissenschaft, 제6권, Bei-
heft), Quickborn, 1965, 3면.

관점에서 볼 때, 이는 측정을 규정하며 단일 인과성 또는 다수 인과성이 계속 원환적 인과성으로 확장되어 나아간다. 인과성 집단이 규칙권(Regelkreis)을 규정하고, 이것이 자기 통제 혹은 자기 규제에 있어서의 과정의 자기 규정이며, 곧 자동 제어학이 다. 최고의 효율은 자기 통제, 자기 규제를 만들 수 있도록 하는 데서 가능하다. 현대 기술의 자동 제어학적 자기 이해는 바로 이 처럼 확장된 가작성의 원칙에 의하여 규정되며, 인간과 기계의 관계는 자율과 효율이라는 새로운 연관의 관점에서 나타난다. 이 연관은 엄청나게 보이지만 사실 그것은 가작성의 원칙에 따르 는 사유와 행위의 귀결에 지나지 않는다.

3. 기술이라는 "창조자"

기계는 오늘날 창조자(Effektoren)[20]로 불린다. 이는 다의적이 고 고도화된 의미에서의 창조자, 처음에는 작동시켜진 것(Bewirk-tes), 다음에는 계속 작동시키는 것, 마지막에는 철두 철미 자기-

---

20) St. Lem, *Summa thechnologiae*(Frankfurt a.M., 1976), 23면 참조. Effektor란 자동 제어학에 있어서 어떤 규칙권에 있는 다른 것에 영향을 미치는 규칙의 규모(Regelgröße)를 말한다. 렘은 이 용 어를 자동 제어학으로부터 빌려 오지만 이 말은 effektor라는 라 틴어에도 나타나듯이 원조자(Urheber), 창조자(Schöpfer)라는 포괄적 의미로 사용된다. 렘은 Effektoren이 구축되고 확장되는 가운데 "창조적인 것"(das Schöpferische)이 자라난다고 본다.

자신을-작동시키는 것 (Sich-selbst-bewirkendes)을 의미하게 되었
다. 이는 처음에는 간단한 도구로 시작되며, 간접적으로만 자율
성을 띠는, 그래서 자기의 자율성을 스스로 증가시키는 창조자
이다.* 고도로 발달된 기계 설비는 점차로 많은 자율성을 가진
다는 점에서 특히 창조자의 효율을 나타낸다.

　이제는 자동기에 있어서 (in den Automaten) 객관화된 자율만이
아니라 최고도로 효율화된 자율도 말할 수 있게 되었다. 자율적
존재로서의 인간은 단적으로 자동 기계에 있어서 객관화될 수 있
음을 볼 수 있게 되었다. 인간은 단순히 기계에게 자율을 넘겨
주고 마는 것이 아니라 오히려 자기에게서 드러나는 것을 객관화
된 형식으로 성취한다. 그는 다만 기본 원리로서 제공되는 것만
을 기술적 형식으로 일으킬 수 있다. 지금까지는 자율이 인간에
게 성가신 것이었다면, 미래에는 자동적인 자동 기계로 완벽하
게 처리할 수 있을 것이다. 기계는 단순히 자율이 수반하는 효율
이라는 의미에서의 자율에 의하여 작동하거나 효과를 가져오는
것은 아니다. 기계는 오히려 최고의 효율을 가진, 객관화된 자
율이다. 여기서 자율은 효율이 수반하는 모든 자율을 스스로 전
수받을 수 있다는 식으로 자기의 효율을 나타낸다. 이러한 변증
법은 기계가 인간 자신과 똑같이, 아니 인간 자신보다 훨씬 효과
적일 수 있음을 뜻한다. 기계는 효율이 수반하는 자율을 성취할
수 있을지도 모른다.

　＊ 기계는 인간을 통해서만 그 기능을 발휘할 수 있다는 점에서,
　　비록 점차 자기의 자립성을 증가시킨다 하더라도, "간접적으로
　　만"(nur indirekt) 자율적이다—옮긴이 주.

이제는 자율 및 효율의 조직체가 무엇인지를 분명히 알게 되었
다. 이 조직체는 창조자의 도식 (Effektorenschema) 속에 반영되는
데, 그것은 다음에서 렘[21)에 따라서 서술될 것이고, 또한 그 가
운데 어떤 세계 이해가 나타날 것이다. 이는 존재하는 모든 것이
효율과 자율이 갖는 열려진 진화적 경쟁 진행 속에 있음을 보여
준다.

I. 결정지어진 창조자
  1. 도구
  2. 고전적 기계
  3. 환경과 연결되어 있으면서도 거꾸로 연결되지는 않는 기
     계(예를 들어 자동 소화기)
II. 조직화된 창조자
  1. 고정된 작용 기관을 갖춘 자동 기계(증기 기관에서와 같
     은 통제기)
  2. 가변적 행동 목표와 작용 목표를 갖춘 자동 기계(밖에서
     프로그램을 만드는 컴퓨터와 같은 것)
  3. 자기 조직화(Selbstorganisation)를 갖춘 자동 기계(동물과
     인간)
III. 자유롭게 자기를 조직하는 창조자
  1. 미리 주어진 재료, 그러나 자신을 반영시킬 수 있는 시스

---

21) 렘이 창조자의 세 가지 주요 등급을 라틸(P. de Latil)의 도식
   에 따라 구분하고 있는 같은 책, 23면 이하를 참조하라.

템(생물학적 진화의 상태로 살아 있는 종種)

2. 한 창조자가 구축하는 재료 가운데서의 선택, 자기 창조
   의 기관(generatio aequivoca)

3. 현존하지 않는 새로운 재료의 도입

4. 자율 : 자기 제한으로서의 자기 규정?

가작성은 한편으로 소유를 가능하도록 해주지만, 다른 한편으로 그것을 영속적으로 개방시켜 두기 위하여 소유로 고정되어서는 안 되므로, 소유와 가작성은 영속하는 무한한 변증법적 상호 이행을 이룬다. 가작성이란 원래 모든 고정된 소유를 넘어서, 소유할 수 있도록 만듦(Besitzbarmachen)이라는 공식에 이미 포함되어 있는 동시에 또한 끝없는 심연에 존재하므로, 이 경우의 가작성이란 최후의 기초이다.

오늘날에는 곳곳에서 가작성의 한계를 말하게 되었다. 인간은 가능한 모든 것을 모두 다 만들어서는 안 된다는 것이다. 그렇다면 과연 어디로부터 한계가 정해져야 하는가? 어떻게 인간에게 여기까지는 적용되고 그 이상은 안 된다고 말할 수 있는가? 아니면 인간이 그때마다의 활동 범위로부터 이 한계를 알 수 있는가?

자율은 본래 인간이 자기 자신에게 허용되는 모든 것을 규정함을 뜻하였다. 자율은 분명히 인간이 모든 것을 할 수 있다거나 혹은 모든 것을 사역시킬 수 있다든가 아니면 한계, 질서도 없이

살 수 있다는 의미는 아니었다. 엄밀한 의미에서의 자율은 인간이 자유롭게 스스로 질서를 부여하고 스스로에게 법칙을 부여하며, 그 한계를 지을 수 있음을 의미했다. 자율은 바로 자기를 제한함, 자기를 질서지움, 자기를 규정함이라는 의미에서의 규정함, 질서지움, 제한함의 특수한 형식이다.

자율 가운데서 자유를 설정해 놓고 그것을 제한할 줄 모르는 사람은 마침내 부자유스럽게 살기 마련이다. 시장 경제는 바로 이러한 제한의 문제를 안고 있다. 시장 경제는 수요와 공급이라는 자기 법칙의 지배를 받고 있다. 인간이란 욕구를 가지며, 그럼으로써 수요와 공급을 바라므로 물건이 생산되고 공급되며, 사고 팔게 된다. 역으로 보면 시장 경제는 고객으로 하여금 소비를 위한 구매욕이 일어나게 하는 바로 그 대상들도 생산해 낸다. 나는 무엇을 필요로 하는가? 그것은 한편으로 나의 자연적 욕구를 만족시켜 줄 수 있어야 하며, 다른 한편으로 그것은 시장이 나에게 공급해 줄 수 있는 것이어야 할 것이다. 그러므로 처음에는 자연적 욕구에 전혀 상응하지 않는 상품이 제작되겠지만 점차로 이에 상응하는 상품들이 생산될 것이다. 단순히 인간이 욕구를 가지는 것이 아니라 욕구가 인간을 자극시킨다. 경제의 본래적 생산성은 욕구의 대상을 생산하는 데 있다.

그런데 자연적 욕구와 인위적 욕구를 구별하는 것은 어렵다. 인간에게 필수적일 뿐만 아니라 이를 넘어서 바랄 만한 가치가 있는 것이 무엇인지를 결단하는 것은 쉽지 않지만, 최소한 실제로 어려움에 처했을 때에는 필요한 것과 사치스러운 것이 구별되어 각자에게 실제로 생활에 필요한 것이 무엇인가 하는 것이 분

명해진다. 그러나 시장 경제를 유지하는 산업 사회에서는 예를
들어 자동차나 여행할 수 있는 능력이 결여되었을 때 이것을 필
수적인 것이라고 느낄 수도 있다. 철두 철미하게 기술적으로 이
루어진 사회에서 최후까지 그것 없이 살아남을 수 없는 것은 무
엇인가라는 문제가 강하게 제기된다. 만일 전기가 없다면 인간
은 어떻게 살 수 있을까? 그렇다면 가장 시급한 생계 문제는 어
떻게 보장되는가? 오늘날의 거대한 도시 생활이 에너지 일반의
형식 없이 어떻게 가능한가? 사람들은 기술적인 삶의 형식이 근
본적으로 얼마나 깨지기 쉬운지에 대해 전혀 알지 못한다.

외적 재화, 생명, 자유의 보장이 주요 요구가 되는 "욕망들의
체계"(System der Bedürfnisse)[22]는 시민 사회에서 (in der bürgerlichen
Gesellschaft) 구축되었다. 서서히 기술적으로 구축되어 온 산업
사회에서는 역설적으로 삶의 신경 과민이 점점더 뚜렷해지며,
점점더 예민해진다. 물론 이른바 잉여분 안전성의 시스템에 의
하여 안전성을 점차로 강화할 수는 있다. 이는 고도로 복잡하고
예민한 기술 장치에 나타나는 신뢰성 (Zuverlässigkeit)의 문제에서
전개된 바 있다. [23] 예를 들어 로켓 기술은 처음에는 신뢰성 이론

22) G.W.F. Hegel, *Grundlinien der Philosophie des Rechts*, § 189 이하
참조. 헤겔은 시민 사회를 욕망들의 체계라고 부른다.

23) E. Pieruschka, *Principles of Reliability*(New York, 1963) 참조.
여기서 신뢰성 문제에 있어서의 수학적 논쟁이 시도된다. 이
책은 "확실히 공학에 있어서의 영감적 선구자"인 럿서 (R. Lusser,
1898 ~ 1969)에게 헌사되었는데, 그는 비행기 및 로켓 기술자
로서 매우 복잡한 장치를 근거로 하여 이 문제를 제시했으며,

에 의하여 시작될 수 있었으나, 이 이론 자체는 거꾸로 고도로
복잡한 장치를 갖춘 기술에 의해서 발생하였다. 그 동안 신뢰성
의 기술(Zuverlässigkeitstechnik)은 기술의 기초 과학이 되었다. 안
전 위험 부담도 점차 커지고 있다는 관점에서 볼 때 이는 결코
우연이 아니다.

단순한 사회와 복잡한 사회의 생활 보장에는 주목할 만한 차이
가 있다. 우선 혈연 사회에서의 생활은 비교적 불안전하며 자
연, 환경, 질병의 위험으로부터의 보호가 거의 없다. 반면에 우
리 사회는 질병과 환경을 통제하기 위한 비교적 큰 안전성을 유
지하고 있지만 점차 안전성을 더해 가는 삶과 그와 동시에 점차
불안전한 삶의 역설을 겪고 있다.

안전성에 대한 가장 커다란 위험은 오늘날의 모든 전쟁 기술에
있다. 위급한 경우에는 생명 보호와 자연 보호가 불가능하도록
되어 있지만 여기에서 반드시 위협적 전쟁 발발을 염두에 둘 필
요는 없다. 안전성을 생각할 때 따르기 마련인 위급한 경우(der
Ernstfall)란 우리 시대의 기술적·경제적 시스템이 항구적으로 기
능화됨에 있다. 이 기능화에서 한편으로는 안전성이 증가하는
반면 다른 한편으로는 점차 위험해진다. 이는 기술과 경제에서
나타나는데, 양자가 서로 연관되므로 그 원리상의 차이는 무시

여기에 덧붙여 공학 기술을 발전시키려고 시도하였다. 그의 최
후의 과제는 제트기에 관한 독일어 설명에 있어서의 신뢰성의
문제였다. 럿서는 자신의 계산으로 그 위험도를 적시에 제시했
으나, 이에 해당하는 신뢰성 있는 기술의 확보를 위한 비용이
없어서 이를 관철시킬 수 없었다.

된다. 교통 장애와 이를 넘어선 에너지 장애가 생활의 시스템을
그 상호 연관된 확실한 흐름의 한가운데로부터 순식간에 무너뜨
린다. 전기 에너지와, 오늘날 지배적이고 또 그만큼 고정되어
있는 교통 수단을 대체할 만한 것은 아무것도 없다. 수많은 에너
지와 교통에 있어서 인간은 일면화되어 버린다.

인간은 이제 더 이상 걸어다닐 수 없다는 것이 이를 입증한다.
물론 인간은 운동할 때 걸어다니는 것이 사실이지만, 운동에 있
어서 인간의 활동은 일종의 기능화에 종속되어 있다. 만일 시내
교통 수단이 마비되어 모든 사람들이 걸어야 한다면 아마 많은
일들이 전혀 불가능해질 것이고, 그것은 물리적으로든 심리적으
로든 가혹한 요구가 될 것이다. 아니 이러한 보행 교통의 형식은
기술적으로 완전 기능화된 도시의 주거 상태와 생활 상태로 인해
불가능해질 수도 있다. 어느 누가 자신의 직장까지 걸어갈 수 있
겠는가?

우리는 바로 이 지구의 거대한 도시 한가운데서 대규모의 교통
장애와 에너지 장애를 감수해야만 할 것이다. 이는 단순히 기능
화된 시스템에 있어서 에너지 결손, 교통 사고와 같은 단기적 결
론에 그치지 않고 에너지와 교통 시스템의 완전 기능화에 있어서
에너지가 고갈될 수 있는 위협적 가능성을 수반한다. 그래서 중
요한 에너지 부담원인 기름의 결손을 주시하게 된다. 이는 전기
가 고갈되었을 때 어떤 일이 벌어질지에 대한 모습을 상기시켜
준다. 물론 이는 항상 새로운 수요의 생산성을 감안하는 시장 경
제에 상응되는 예측이며 암시이다. 여기서 우선 기술적 작업 문
제에 따르는 이른바 자유 시장 경제에 있어서의 자유의 근본 문

제가 나타난다. 이때의 자유는 다음과 같은 점에서 성립한다. 즉 소유와 공급에 따라서 재화가 그때마다 생산될 수 있는 것이 아니라 오히려 시장은 분명히 무한한 생산, 요구되는 모든 것의 생산에 대해서 자유롭다. 생산이 생산의 한계를 지키지 않는다면 시장 경제가 어떻게 자유로울 수 있겠는가?

자율이란 한계를 스스로에게 자유롭게 설정하는 것이며, 자유란 스스로를 규정하고 질서지우며 제한하는 것이다. 자율적 인간은 한계를 갖기 마련이다. 그러기 위해서 인간은 과연 기술과 경제의 생산 흐름의 한가운데에 존재할 수 있는가? 생산과 욕구를 제한하면 시장이 붕괴될 위협에 직면하게 된다. 그러나 한계 없는 시장은 더 이상 시장이 아니다. 모든 재화는 언제나 만인에게 판매될 수 있어야 하며, 이는 자유 시장 경제의 슬로건이다. 여기서는 자유 자체가 위협받으므로 이러한 자유는 위험하다.

인간은 근세에 자율로서의 자유를 가지고 자율에 있어서 인간의 생명, 재산, 자유에 대한 위험을 가능하면 모두 추방하기 위한 길을 모색하였다. 중요한 것은 재산, 생명, 자유의 보장이다. 그러나 보장(Sicherheit)의 이 근본 원리는 오늘날의 생활 형식에 있어서는 전쟁에 의해서 뿐만이 아니라 생활의 정상 상태, 시민적 자유 시장 사회의 기능적 생활의 흐름에 있어서도 의문시된다. 전쟁의 위협이 없더라도 생활은 안전하지 않게 되었다. 근세에 획득하려고 한 모든 것들은 위험하거나 전혀 획득할 수 없는 것들이다. 만일 자율이 본질적으로 그 한계가 자유롭게 통찰되고 점유할 수 있는 것임을 의미한다면, 무한한 욕구를 가진 시장은 전혀 자유롭지 못하게 될 것이다. 물론 근세에는 어떻게

든간에 자율로써 시작되었지만, 이 자율은 언젠가 전망을 상실
할 수도 있음을 추측할 수 있다.

우리의 환경과 생활은 기술과 경제에 의하여 위협받는다. 공
기, 물, 대지, 토양은 그 한계점에 달해 있다. 지금까지는 이
모든 것들이, 그 가운데 살고 있으면서도 그 자체를 결코 직접
느끼거나 알지 못했던 직접적 요인들이었다. 공기, 물, 흙은 단
순히 존재하지만, 이제 물은 맛이 아주 나빠졌거나 맛 자체가 사
라져 버렸다. 공기는 악취를 풍기고, 비단 도시에서만 호흡 장
애를 일으키는 것이 아니라, 자연 전체에서도 감지될 수 있을 정
도로 악화되었다. 전에는 이런 것들을 전혀 느끼지 못했지만,
이제는 공기, 물에 따르는 여러 가지 체험을 하기에 이르렀다.
공기, 물, 토질이 아주 딱딱하게 경화되어 버렸다는 사실을 실
감하게 되었다.

한계 경험(Grenzerfahrung)에서 때때로 어떤 일들이 일어날 것
인지를 우리는 분명히 알게 된다. 또한 이러한 일들에 부딪치게
된다. 공기가 우리에게 가지는 의미, 즉 우리를 감싸고 충만한
것으로서 나타나는 것으로부터 시작해서 우리를 곤경에 처하게
할 수도 있다는 사실을 깨닫고 있다. 도처에 빽빽하게 쌓여 있던
것이 이제는 아주 엷어지고 흉물스럽게 되어 군데군데가 터져 있
다. 전에는 거의 알지도 못한 영역에서 보고 듣고 느끼게 된다.
이것이 바로 경험이 본래 의미하는 바의 것이다. 우리는 과거의
것과는 다른 어떤 것이 있다는 사실, 즉 일종의 변화를 겪고 있
다. 그때 우리는 경험의 의미를 알게 된다. 한계가 단절되는 곳
에서만 경험은 가능하다. 한계 경험이라는 말은 중복어이지만

그것은 문제를 제시하기 위하여 중요하고 적절하다.

　자율과 그 생산성은 원래 그 근원에 속하는 자기 자신과의 경험, 즉 한계의 경험을 하게 된다. 그러므로 그 생산성은 우리가 먼저 원하지 않더라도 한계를 함께 긋고, 또 함께 성장하도록 해준다. 한계도 역시 성장한다. 성장의 한계란 유기적으로 이해될 수 있다. 그것은 단지 외부적으로, 즉 어떤 사람이나 정치 집단에 의해서 그어지는 것이 아니다. 오늘날 학문적 예측이나 정치적 프로그램이라는 의미에서, 이러이러한 이유로 앞으로 더 나아가서는 안 된다거나 한계를 이러이러하게 밀고나갈 수 있다고 말하려 한다면 이것은 주제넘은 시도가 될 것이다. 자율적 인간이 자기 자신에 있어서 원리적으로 자율에 속하는 경험을 한다는 사실은 중요하다. 성장의 한계를 경험할 수 있는 한에서만 자율의 의미를 갖는 근세적 자유에 머무르게 되는 것이다. 한계를 거부하고 제거하려 하며, 기술적으로 뒤바꿔 놓으려 할 때는 언제나 자율 본래의 영역에 머무르기를 거부하는 것이다. 자율적으로 존재하려는 사람은 곧 한계를 경험할 수 있을 것이다.

　너무나 오랫동안 몇 가지 일들에 대해서는 잘 모르고 있었으나 이제는 자연, 지구, 공간, 시간, 마침내 우리를 규정하는 세계의 조직에 대해 알게 되었다. 이는 존재 전체, 자율의 전체적 외연이다. 그래서 존재 규정 (Seins-Bestimmung)과 자기 규정 (Selbst-Bestimmung)을 인간 관계와 세계 관계로서 구별할 수 있는 것이다. 자연 및 지구와 더불어 겪는 상이한 한계 경험에 있어서 자율 자체에 관한 최고의 경험을 하게 된다. 즉 자율은 자율로 남기 위하여 한계를 지켜야만 한다. 규정하는 존재 즉 자연과 지구의 전체 영역은 이러한 자율의 경험을 도와준다. 한계의 경험에서 자율의 새로운 가능성을 위한 더욱 광범한 기회가 생겨난다. 존재의 기초 영역에서 성장의 한계를 경험한다면, 마침내 존재(자연)는 단지 자율이 몰락하지 않고 계속 존속할 수 있도록 하기 위해서 (우리에게) 저항할 수 있을 것이다. 인간은 자율에 있어서 간단히 자연이라는 존재 영역을 초월할 수 없다. 자기 자신만을 돌보는 자율은 가련하게도 자기 안에 갇히게 될 것이다. 근세 철학에서부터 현대 기술과 경제에 있어서의 가작성에 이르기까지, 자율을 위한 모든 노력에 있어서, 결국 인간은 존재의 지반에 머무른다는 사실이 중요하다.

오늘날 인간은 기술과 경제에 있어서 과연 지금까지의 존재 및 경험의 영역에 머무르려 하는가 아니면 떠나려 하는가라는 물음에 직면해 있다. 이는 곧 자연과 인간을 철저히 변형시키고자 하는 현대 기술의 세분화된 발전이나 유전 공학에 관한 문제이다. 기술과 경제는 인간을, 인간이 스스로를 표상할 수 있고 생생하게 볼 수 있도록 습관들어 있는 그대로, 현대인을 넘어서 나아갈 수 있는 것처럼 보인다. 그럼에도 불구하고 어느 누구도, 한 인간이 삶에서 겪는 모든 것이 무엇인지, 어떠한 삶의 형식을 지켜야 하는지에 대해 직관하는 것보다 많이 알지 못한다. 인간은 어디로 가려 하는가? 그는 어디에서 어떻게 살아가려 하는가?

2 가작성과 삶의 형식

1. "기술에 대한 물음"(하이데거)

인간이란 단지 존재하기만 하는 것이 아니라 존재해야만 한다.* "존재-해야 함"[1](Zu-Sein)은 인간의 근본 구조이다. 하이데거는 이를 "세계-내-존재",[2] "기투", "근심"[3] 등 이른바 "실존 범주"[4]에서 분석한다. 인간의 본질은 "그의 실존 가운데 있다"[5]

---

* 인간은 존재해야 할 과제(Aufgabe)를 지닌 존재자임을 말한다
  —옮긴이 주.
1) M. Heidegger, *Sein und Zeit* (Gesamtausgabe, 제 2 권) (Frankfurt a. M., 1977), 56면.
2) 같은 책, 59면 이하 참조.
3) 같은 책, § 12 이하 참조.
4) 같은 책, § 39 이하 참조.
5) 같은 책, 56면.

라는 중요한 정의도 이에 속한다. 실존 및 실존 범주는 인간을
존재-해야 함이라는 도상에 (auf dem Weg) 있는 생물로서 정의한
다. 존재-해야 함이란 어떠한 길의 종착점에로 나아가는 길이
아니다. 길은 원칙적으로 목적이 없으며, 순수한 도중 존재 (ein
reines Unterwegs-sein)가 문제이므로, 그에 상응하는 실존 개념은
길이 아니라 운동이다.

　인간을 "근심", "공포" 가운데 있도록 하는 운동에 있어서는
단지 운동 자체를 경험하는 일이 중요할 뿐이다. 언제나 이미 우
리를 실제로 움켜쥐는 운동은 각자가 자신의 실존 가운데서 선취
해야만 하는, 가능한 자기 운동 가운데서 파악된다. 하이데거는
자기 운동 (Selbstbewegung)이라 할 수 있는 이 운동을 "본래성과
비본래성"[6]이라는 차이점으로 몰고 가며, 인간을 이 차이점의
긴장에서 보려 한다. 운동의 조직 가운데 처해 있는 인간은 비본
래적이다. 만일 본래적으로 살고자 한다면, 삶 자체의 운동성만
을 그 자체로 받아들이는 것 이외의 방법은 있을 수 없다. 우리
는 이 운동을 증진시킬 수 있다.

　하이데거의 전체 사유는 이 운동의 증진에서 수행되는 방법적
방식에서 온다. 이는 단계적·방법적으로 전개되는 《존재와 시
간》의 분석을 확인해 줄 뿐만 아니라, 본래적인 인간 현상을 명
명해야 할 말의 선택이나 그것을 찾는 데까지 미친다. 이 방향에
서 "실존", "존재의 빛 속으로 나섬"(Ek-sistenz)*, 황홀(Ekstase)[7]

---

6) 같은 책, 57면.

＊ 하이데거의 용어 "Ek-sistenz"를 옮기기는 곤란하다. 다만 그 의
　미는 하이데거의 다음과 같은 언급에서 나타난다. "존재의 빛

의 증진이 나타난다. 세 단어는 동일한 것을 의미하지만 점차 운
동이 증가함을 암시한다. 이는 방법론적으로 자기 운동과 자기
고양으로서의 인간 관계에서 드러나는 운동의 문제이다. 하이데
거는 《존재와 시간》에서 "'현상학'이란 1차적으로 방법 개념을
의미한다"[8]고 말한다. 그는 20세기에 도달한 철학 방법을 여전
히 근세 철학적 전통 안에 세움으로써, 주저인 《존재와 시간》은
방법론의 정점을 이루게 된다. 그는 인간을 구조적으로 분석하
여(실존 분석), 인간이란 존재론적으로 방법 이외의 아무것도
아님을 분명히 보여줌으로써 성공적으로 근세의 분석적 방법을
인간의 "실존 분석론"에서 체득하게 된다. 방법을 수단으로 하여
오직 방법 자체가 도출되는 이 철저한 방법론적 사유의 성과는,
인간이란 단지 존재하기만 하는 것이 아니라 존재해야만 한다라
고 요약될 수 있다.

그렇다면 자기 운동하고 자기 고양하는 존재로서의 인간에 관
한 이러한 파악은 어떤 점에서 기술과 연관되는 것일까? 기술이
란 제작(Herstellung)이다. 홉스로부터 마르크스에 이르기까지는
이를 인간의 자기 제작으로 보았고, 이는 세계 제작(Welthterstel-

가운데 있음을 나는 인간의 Ek-sistenz 라고 부른다." M. Heideg-
ger, *Über den Humanismus* (1949) (Frankfurt a.M., 1981), 15면 참
조―옮긴이 주.

7) 특히 M. Heidegger, "Brief über den Humanismus", in *Wegmarken*
(Gesamtausgabe, 제9권) (Frankfurt a.M., 1976), 324면 이하 참
조.

8) Heidegger, *Sein und Zeit*, 37면.

lung)으로 이어졌다. 세계를 제작할 때 인간은 자신을 제작하고, 자신을 제작할 때 세계를 제작한다. 마침내 기술과 기술에 의하여 제작된 세계는 도구적(instrumental)인 것으로 이해된다. 인간은 기술을 매개로 하여 모든 것을 제작하고, 그 제작성을 손아귀에 쥐었다고 생각한다. 제작은 객관에로 나아간다. 이는 일찍이 헤겔의 객관적 정신론(Lehre vom objektiven Geist)[9]이 언급하였는데, 모든 자기 생산은 제작에서 이루어지고, 주관은 그 가운데서 자신을 객관화한다. 기계는 인간의 구조를 기술적으로 객관화시키는 기계론적 혹은 자동 제어학적 기계, 즉 지렛대, 링크, 컴퓨터, 계산기 등과 같이 주관이 객관화된 형식으로 파악된다.

하이데거에 의하면 기술은 단순한 제작이 아니라 "게슈텔"이다. [10]* 우선 이 말은 어떤 무겁고 강압적인, 얼핏 보기에도 우

---

9) A. Baruzzi, *Mensch und Maschine. Das Denken sub specie machinae* (München, 1973), 70면 이하 참조.

10) M. Heidegger, "Die Technik und die Kehre" (Pfullingen, 1962), 19면 참조. 하이데거는 3면에 있는 서문에서 다음과 같이 서술한다. "'존재하는 것에 대한 일별'(Einblicke in das was ist)이라는 표제하에 지은이는 1949년 12월 1일 브레멘 클럽에서 사물(Das Ding), 게슈텔(Das Gestell), 위험(Die Gefahr), 회귀(Die Kehre)라는 네 번의 강연을 한다.

첫번째 강연은 초안보다 좀더 확장되어 1950년 6월 6일 바이에른 예술 아카데미에서 발표되었다(M. Heidegger, *Vorträge und Aufsätze* (Pfullingen, 1954), 163면 이하 참조).

두번째 강연은 《기술 시대의 예술들》(*Die Künste im technischen Zeitalter*)이라는 시리즈로서 1955년 11월 18일 역시 더 확장된

리를 완전히 위압하는 듯한 구조를 암시한다. 이 구조에서 개별
적 노선들, 산맥에 있어서—하이데거는 Gestell을 산맥에 비교
한다[11]—골짜기와 등성이 같은 특징들이 나타난다. 전체만이 보
이고, 개별적인 것은 너무 적게 보이거나 아무것도 보이지 않는
다. 게슈텔은 존재하는 것에 있어서의 좀더 정확한 시야를 방해

형태로 "기술에 대한 물음"(Die Frage nach der Technik)이라는
제목으로 발표되었다. Heidegger, *Vorträge und Aufsätze*, 13면 이
하 참조. 이 책은 이 텍스트를 그대로 다시 싣고 있다.

　세번째 강연은 아직 출간되지 않은 상태이다. 네번째 강연
'회귀'는 초판을 변경시키지 않고 그대로 여기에 처음으로 출간
하는 것이다."

* 하이데거의 기술 철학의 중심 범주인 "게슈텔"(Gestell)을 번역
하는 것은 쉽지 않다. 이기상 교수는 이를 "작업대" 혹은 "닦
달"로 번역한다. 그 중 "닦달"은 매우 기발한 번역이라 생각된
다(M. 하이데거, 해설:현대 기술의 극복과 전향, 《기술과 전
향》, 이기상 옮김(서광사, 1993), 137 ~ 205면 참조). 그러나
"닦달"은, 본인도 시인하듯이(같은 책, 181면 참조), 문제점을
가지고 있다. "Gestell"은 최소한 기술의 두 가지 측면을 나타낸
다. 첫째는 그가 "작업대"라고 옮긴 측면 즉 기술의 구조적 측
면이고, 둘째는 "닦달"이라고 옮긴 사태 내용적 측면이다. 따라
서 이 두 측면을 동시에 옮기는 것이 과제이다. 그러나 사실 두
측면을 만족시키는 용어를 우리말에서 발견하기란 거의 불가능
한 듯하다. 옮긴이는 처음에 이기상의 "닦달"을 따랐으나
"Gestell"의 구조적 측면이 제외된 데서 그 한계를 느끼고 차라
리 원어 그대로 "게슈텔"로 옮겨 보았다—옮긴이 주.

11) 같은 책, 19면 참조.

한다. 하이데거는 바로 이 점을 지적하려 한다. 기술의 게슈텔은
존재 및 존재와 인간의 연관성¹²⁾을 "은폐시키고 가로막는다."¹³⁾
   인간이 자기 스스로를 기술의 원천이며 제작자(Hersteller)로 여
긴다는 사실도 이 위장(Verstellung)에 속한다. 이 점은 객관적
정신론에도 반영된다. 그런데 기술을 규정하는 것은 인간이 아
니라 존재라는 하이데거의 견해에 이의를 제기한다면 이는 태만
한 바꿔치기(naive Umdrehung)에 불과할 것이다. 어차피 기술 시
대는 존재사(Seinsgeschichte)의 한 사건이기 때문이다. 실제로 하
이데거는 특히 존재사의 계기를 밝히고 있다고 해석할 수 있다.
"게슈텔"이라는 말은 어떤 주체가 아닌 구조(Struktur)를 나타낸
다. 인간은 이 구조 가운데 있으며, 여기서 제작되는 것은 결코
"인간이 만든 것"(Gemächte des Menschen)이 아니다. ¹⁴⁾ 별오해를
불러일으키지 않는다면, 하이데거는 이를 존재가 만든 것
(Gemächte des Seins)이라고 대답할 것이다. 여기에는 제작자가
존재인지 인간인지에 대한 것이 확정되어 있지 않기 때문이다.
이러한 고찰은 전혀 하이데거에게 들어맞지 않는다. 오히려 기
술 문제 전반에 걸쳐서 하이데거가 과연 어떻게 만들어진 것과

---

12) 같은 책, 37면 참조.
13) 기술의 양면성 및 하이데거의 기술 해석인 게슈텔에 대해서는
    S. Müller, "Dimension und Mehrdeutigkeit der Technik, Die Erörter-
    ung des Technischen bei M. Heidegger und in der gegenwärtigen
    Reflexion", in *Philosophisches Jahrbuch*, 제90호(1983), 제2권, 277
    ~ 298면, 특히 285면 이하 참조.
14) M. Heidegger, "Die Technik und die Kehre", 27면.

가작성 (Gemächte und Machbarkeit)의 관계를 보여주는가 하는 것
이 중요하다. 여기서 스스로 만듦(Selbstmachen)이 강조됨으로
써, 인간이란 스스로 만든 것만을 이해한다는 근세의 원칙이 계
속된다. 만듦은 자기 스스로를 만든다. 이것이 곧 가작성이다.

이는 한편으로는 객관화된 자율로, 다른 한편으로는 자기 스
스로를 만드는 것으로 이해될 수밖에 없는 기술적 자동기에 잘
나타난다. 주관과 객관, 자율적 인간과 자율성을 객관화하는 자
동기 (Automaten, 自動機)를 구분하는 것은 실제의 기술적인 과정
에서는 불가능하다. 주관과 객관의 긴장에 있어서 인간의 계산
능력은 의식 자동기인 컴퓨터에게 떠맡겨져 버리기 때문이다.
이는 인간이 컴퓨터 두뇌에 의해 밀려나기 때문이 아니라, 이 자
기 정립 (Selbstsetzung)이 기술의 게슈텔에서 비롯되기 때문이다.

하이데거의 《존재와 시간》에서처럼 자기 운동 구조를 철저히
분석할 수 있는 인간이 바로 다름아닌 게슈텔을 떠맡게 된다. 이
구조를 근거로 해서만이 자율이나 자동기 같은 것들이 존재한
다. 인간이란 자기 스스로를 움직이는 존재, 즉 자동 제어학적
기계와 같다. 자기 운동은 꼬리에 꼬리를 물고 계속되어 곧 인간
및 기술 문화의 발전, 진보를 이룬다. 하이데거는 자기의 기술
철학에서 게슈텔이라 부른 것을 《존재와 시간》에서는 주로 실존
범주에 있어서의 인간의 "실존"으로 서술한다. 여기에서 초월 현
상으로서 (als transzendentales Phänomen) 알려진 것은 문화 일반에
나타난다. 기술 범주에 있어서 분석되듯이, 《존재와 시간》에서
는 눈에 띄게 우선적으로 "기투"(Entwurf)하면서 존재하는 인간
이 자기 운동과 자기 제작의 방법에 의해서 나타난다. 이는 《존

재와 시간》의 척도가 되는 지평인 "존재 이해"로서의 존재로부터
시간 자체에로 추월해 나아가기 위한 것이다.

 이후로 하이데거가 기획하고 그의 저작이 수행해 나간 문제는
더욱더 수수께끼 투성이이다. 후기에 출간된 "시간과 존재"(Zeit
und Sein)[15]보다는 "기술과 회귀"(Die Technik und die Kehre)와 같
은 논문들이 더욱 그렇다. 그는 존재 이해로부터 시간 이해에
로, 실존 비판으로부터 시간 비판에로 나아간다. 이로써 하이데
거는 《존재와 시간》으로부터 "시간과 존재"에로의 회귀를 수행
하며, 회귀(Kehre)라는 것은 이미 제목에서 잘 나타난다. "기술
과 회귀"는 "시간과 존재"에 상응한다. 여기서 실존 분석을 시간
분석으로 전환시켜서 실존 분석을 뚫고 돌파해 나아감으로써 "실
존"이라는 테마 대신에 "게슈텔"이 등장한다.

 하이데거의 기술 비판은 완전히 기술의 위기에 몰입한다. 하
이데거에 있어서는 그 시대를 사상으로 파악하려는 철학이 무엇
을 의미하는지가 잘 나타난다.* 철학은 기술 시대를 살면서 총
체적 의미의 기술, 기술적인 것의 형태로 머물고자 한다. 철학
은 시대를 벗어나지 않는 법이다. 철학은 시대의 근본적인 움직

---

15) M. Heidegger, *Zur Sache des Denkens* (Tübingen, 1969), 1면 이하
　　참조.

* G.W.F. Hegel, *Grundlinien der Philosophie des Rechts oder Naturrecht und
　　Staatswissenschaft im Grundrisse* (1820), in Werke in zwanzig Bände,
　　hrsg. E. Moldenauer und K.M. Michel (Frankfurt a.M., 1969), Vor-
　　rede, 26면: "철학은 또한 사상으로 파악된 그 시대이다"—옮긴
　　이 주.

임 가운데에서 나타난다. 하이데거는 기술 시대의 위기를 그 자체로 경험함으로써 이를 비판하고자 한다. 무엇보다도 게슈텔은, 사람이란 이에 맞설 수 없고 다만 돌아서 회귀할 수 있을 뿐임을 뜻한다. 이 회귀를 촉진시킬 수 있는 유일한 가능성은 게슈텔로부터 벗어나는 데 있을 뿐이다.

(1) 게슈텔의 위험[16]

기술이 인간과 세계에 대하여 위험한 것으로 드러난 이후로는 기술에 대한 관심이 증대되었다. 한편으로는 세계 대전의 체험이, 다른 한편으로는 전쟁 이후 잔존하게 된 핵기술의 위험이 그런 것이다. 하이데거와 같은 철학자에게는 핵기술도 기술 현상 일반의 부수적 현상에 지나지 않는다. 핵기술 특히 핵폭탄에 있어서, 기술에 의하여 일사 불란하게 전지구적으로 하나의 세계에 결합된 모든 것은 불가항력적으로 분해될 수 있는 위험에 직면한다. 그러나 하이데거에게 있어서 핵폭탄이란 이미 오래 전에 반응하기 시작한 분해의 한 징후에 지나지 않는다. 핵폭탄이 눈 깜짝할 사이에 지구를 폭발시키는 일은 인간에게 있어서 이미 오래 전에 실제로 기술에서 시작되었다.

"인간은 핵폭탄의 폭발이 몰고 올 수도 있을 것에 대하여 멍하

16) "위험"(Die Gefahr)이라는 강연은 이 장 각주 10에서 언급한 시리즈 중에서 유일하게 아직 출간되지 않은 것이다. 그러나 게슈텔에 관한 강연을 확장한 판에서는 다차원적 위험이 고찰의 중심이 되었다.

니 바라볼 뿐이다. 인간은 이미 오래 전에 일어나고 있는 것을, 그 최초의 점화만으로도 지구상의 모든 생명을 멸종시키기에 충분한 수소 폭탄은 차치하더라도, 원자 폭탄과 그 폭발이 자신의 생명을 앗아가고도 남는다는 사실을 주목하지는 않는다. 이처럼 끔찍스러운 일이 일어나는데도, 이 끊임없는 공포는 무엇을 더 기대하는가?"[17]

오래 전부터 일어나고 있고, 우리를 위협하는 끔찍스러운 일은 기술적인 의사 소통 과정에서의 상호 충돌이다. 이로부터 비롯되는 오해는 모든 것을 접근시키면서도 사실은 그럼으로써 모든 것을 근본적으로 소외시키고, 멀리 있는 것을 가까이 가져오면서도 그럼으로써 가까이 있는 모든 것을 상실하도록 하며, 세계 전체를 의사 소통 기술에 의하여 획득하면서도 실제로는 지상에서의 휴식을 잃어버리도록 하는가 하면, 모든 것을 알면서도 더 이상 아무것도 신뢰할 수 없도록 한다. 기술은 인간의 생명을 유지시킬 수 있는 풍부한 생존 가능성을 보장해 줌으로써 오히려 게슈텔임이 드러난다. 이 때문에 우리는 특히 자기 자신에게서 멀어지게 되고, 길을 오도하게 된다. 라디오를 듣고, 텔레비전을 보며, 멀리 여행하면서도 세상에서 아무것도 더 가까이 오거나 만나지 않는 듯하다. 오히려 반대로 개인은 뿌리를 상실하였다. 그러므로 하이데거는 인간이 설 곳이 없음을 지적한다.[18] 인간은 기술의 게슈텔에 의하여 이 심연 속으로 추락하고 만다.

17) M. Heidegger, "Das Ding", in *Vorträge und Aufsätze*, 164면.
18) M. Heidegger, *Gelassenheit* (Pfullingen, 1959), 18면 이하 참조.

기술이 게슈텔 가운데 완전히 내맡겨져 있는 자기 운동에 의거한
다면 과연 인간은 더 이상 설 자리를 마련할 수 없을 것이다.

　기술의 위험은 존재가 자기를 위장한다는 데 있다. 이것이 곧
기술의 게슈텔이다. "이 위장은 위험 중에서 가장 위험하다."[19]
존재 자체가 위험한가? 만일 그렇다면 이 위험을 감수할 도리밖
에 없다. 이것이 바로 인간으로 하여금 존재의 위험을 무로 체험
하도록 내버려 두는 심려(Sorge), 불안 등 실존 범주로 특징지어
지는, 《존재와 시간》에 나타나는 전형적인 인간 이해이다.

　"그러나 위험이 있는 곳에는 구조자도 나타나기 마련이다."[20]
이는 기술 자체에서 비롯되는 해결의 언사이며, 《존재와 시간》
에 나타나는, 인간이란 오직 "자기 자신으로부터 자기 자신에 의
해서만"[21] 살 수 있다는 말과 유사하게 존재 자체에 의해서 생각
된 자기 기획이다. 철저하게 자기 자신을 기획하는 인간의 자기
운동은 스스로 확대해 나아가는 위험한 기술에 있어서의 위험의
증가에 상응하게 된다. 자기를 위험에 빠뜨림(Selbstgefährdung)
은 인간의 자기 운동에 속한다. "죽음에로의 자유"(Freiheit zum
Tode)[22]를 경험하기 위한, 즉 삶의 불안을 단지 본래의 삶 속에
드러나는 것으로 경험하기 위한 미래의 궁극적 기획에 있어서
《존재와 시간》에서 진행되는 것은 기술적 죽음과 거부의 자유
(Freiheit des technischen Todes, der Vernichtung), 곧 게슈텔에 의한

---

19) Heidegger, "Die Technik und die Kehre", 37면.
20) 횔덜린(F. Hölderlin)의 이 문장을 인용하는 같은 책, 41면.
21) Heidegger, *Sein und Zeit*, 350면.
22) 같은 책, 345면 이하, 특히 353면 참조.

자기 거부이다.

이는 자칫하면 인간이 일으키고 지상의 생명을 몰살시킬 수도 있는 핵전쟁의 상황이 아니라, 존재가 무로 나타나는 게슈텔에 있어서의 존재 자체의 감쪽 같은 위장을 말한다. 존재는 게슈텔 가운데서 위장되어, 인간은 존재에 무관심해지고 게슈텔, 즉 기술에 의해서 생산된 물건 및 그 생산 자체에서 상실되어 버리고 만다. 그런데 이 위장이 위험 중에서 가장 위험한 것은 아니다. 오히려 존재의 역사가 문제인 한, 이 벗어남으로 인하여 (mit dem Entzug) 정말로 존재는 심각한 상황에 처하게 된다는 점이 고려되어야 한다. 존재는 무(Nichts)로 돌아갈 수도 있는 것이다. 그러나 이것이야말로 진정 하이데거가 말하고자 하는 바이며, 인간이 거기에 내맡겨져 있는 현실적 위험이다.

이 존재사(Seinsgeschichte)에서 인간의 노력으로 인해 위험이 극복된다는 사실이 문제시될 수는 없다. 이는 아마도 기술이라는 게슈텔에 대해서 타당할 것이며, 이는 곧 인간에 대한 위험으로 드러난다. 핵폭탄이 없어진다 하더라도 여전히 위험은 남게 된다. 물론 핵폭탄은 상존하는 일반적 위험과는 대조적으로 최후의 위험으로까지 여겨지지만 그러한 핵폭탄이 없어진다 하더라도 위험은 여전히 남아 있다. 왜냐하면 인간이 기술에 있어서, 만신창이가 된 자신의 본질을 묵도하게 되는 그러한 가속화와 자동화를 직면하는 데에 기술 일반의 위험이 도사리고 있기 때문이다. 핵폭발은 이미 게슈텔로서 시작되고 있다.

(2) 초연성

게슈텔은 위험을 몰고 온다.[23] 그러나 위험은 초연성(Ge-lassenheit)과 마주칠 수 있다. 하이데거가 기술에 대하여 최후에 한 말은 위험이 아니라 초연성이다. 그는 초연성을 이렇게 설명한다. "우리는 기술적 대상들을 취급되어야만 하는 꼭 그대로만 취급할 수 있다. 또한 동시에 이 대상들을 우리의 관심이나 본래성에 있어서 무관한 그대로 내버려 둘 수도 있다. 기술적 대상들의 친숙하지 못한 응용에 대하여 동시에 '예', '아니오'로 대답할 수 있고, 그러한 한에서 결국 기술이 우리에게 무엇인가를 요구하고, 그럼으로써 우리의 본질을 왜곡시키며 황폐화시켜 버리는 것을 거부하게 된다.

이런 식으로 기술적 대상들을 '예', '아니오'라고 한다면", 우리와 "기술 세계와의 관계는 … 놀랍도록 단순하고 간편해진다. 기술적 대상들을 일상 세계 안으로 끌어들이는 동시에 몰아낸다. 즉 절대적으로 아무것도 아닌 것으로서가 아니라 좀더 높은 것에 의존하는 사물로서 스스로 머물게 한다. 이처럼 기술 세계에 대하여 동시에 예, 아니오 하는 이러한 태도를 사물에 대한 초연성(die Gelassenheit zu den Dingen)이라는 고대어로 부르고자 한다."[24]

기술에 대하여 동시에 예, 아니오라고 말해야 한다. 즉 기술

---

23) "위험은 게슈텔을 본질로 하는 존재의 기원이다." Heidegger, "Die Technik und die Kehre", 42면.

24) Heidegger, *Gelassenheit*, 24면 이하.

을 사용하면서도 단순히 우리 곁에 있도록 그대로 두어야 한다. 시대가 기술 즉 게슈텔에 의하여 인각되어 있음에도 불구하고 어떻게 이러한 일이 가능할 것인가? 기술 행위를 하면서도 다른 행위가 자유롭게 열려 있고, 바로 기술을 통로로 하여 다른 어떤 것을 산출할 수 있음에도 불구하고 이것이 실제적 위기인가? 만일 게슈텔이 현실을 지배한다면, 다른 생활 태도로 옮겨가는 일은 착수부터 불가능할 것이다. "계산적 사유"(das berechnende Denken)의 포로가 되었는지 아니면 그러한 사유를 하면서도 새로운 "숙고적 사유"(das besinnlichen Denken)를 할 수 있는지 하는 것이 문제이다.

"계산적 사유가 유일한 사유로서 여겨지고 널리 행해진다면", "이 사유가 숙고적 사유냐 전적인 무사려성이냐에 상관없이 계산적 계획과 계산적 발명을 보유하는, 최고의 성과를 지닌 통찰력으로 간주될지도 모를 일이다. 그 다음에는 어떠한가? 그렇게 되면 인간은 자신이 숙고하는 존재(ein nachdenkendes Wesen)라는 본래성을 부정하고 내팽개쳐 버릴 것이다. 그러므로 인간의 본질을 구출하고 숙고를 일깨우는 일은 중요하다."[25]

그렇다면 숙고는 무엇과 관계하는 것인가? 다름아닌 게슈텔로서의 기술과 관계한다. 하이데거는 게슈텔에 관하여 언급함으로써 기술 문제를 사유하는 일보를 내딛는다. 누군가에게 기술이 게슈텔로서 경험된다면, 이는 벌써 결정적 일보를 내디딘 것이다. 기술의 게슈텔에 있어서 기술은 은밀하면서도 매우 엄청

---

25) 같은 책, 27면.

나게 경험된다.

"이런 태도에서 우리는 더 이상 사물을 기술적으로만 보지는 않는다. 기술의 제작과 사용이 전혀 무의미하지 않은, 사물에 대한 다른 관계를 요구한다는 사실을 인식하게 된다. 예를 들어 농업은 기계화된 식량 산업이 된다. 여기서도 다른 분야에서처럼 자연과 세계에 대한 인간 관계에 있어서의 근본적인 변화가 나타난다. 그러나 이 변화가 도대체 무엇을 의미하는지에 대해서는 아직까지 불분명하다.

모든 기술적 과정에는 인간의 행위나 사역(Lassen)을 요구하며 또 인간이 발명, 제작해 내지 않은 의미가 지배한다. 핵기술이 탐지하는 공공연한 지배력이 무엇을 의미하는지에 대해서는 알 수가 없다. 기술 세계의 의미는 숨겨져 있다. "[26)]

기술의 의미는 무엇보다도 목적-수단-관계에서 드러난다. 그런데 하이데거는 "기술 세계의 의미는 숨겨져 있다"고 말한다. 이것은 기술의 본래적 사건이다. 그는 이것을 모든 것을 제작해 내면서도 삶의 의미를 오도하도록 하는 게슈텔에서 언급하는데, 여기에 숙고가 등장한다. 이것이야말로 "기술 세계 속에 숨겨진 의미를 밝히는 태도, 즉 비밀에 대한 공개(die Offenheit für das Geheimnis)이다. "[27)] 우리는 해결할 수 있을지도 모르는 문제에

---

26) 같은 책, 25면 이하.

27) 같은 책, 26면. 오늘날의 의미 문제의 난이성과 양면성이라는 관점에서 볼 때 하이데거의 후계자 중 뮐러가 포괄적 시도를 하고 있음은 주목할 만한 일이다. M. Müller, *Der Kompromiß oder Vom Unsinn und Sinn menschlichen Lebens. Vier Abhandlungen zur histori-*

직면해 있다기보다는, 기술의 비밀이 누설되고 있음을 숙고하면
서 알게 된다. 이것이 바로 하이데거의 명제가 의미하는 바이다.
문제란 해결될 수 있고, 비밀은 알려지기 마련이다. 그러나
하이데거의 철학하는 방법 자체와 그가 말하는 숙고에 있어서 뒤
따르게 될 가능성에는 난점이 있다. 기술에 의하여 규정되고,
기술에 의해서 위험에 빠져서 허덕이게 된 공개성(Öffentlichkeit)
은 기술 철학으로부터 다른 그 무엇을 기대한다. "물건에 대한
초연성과 비밀에 대한 공개성은 같다. 이는 우리로 하여금 전혀
다른 방식으로 세계에 안주할 수 있는 가능성을 보여준다. 또한
새로운 근거와 지반을 약속하며, 이를 토대로 하여 기술 세계 안
에서, 그것에 위협받지 않고 살 수 있도록 한다."[28]

이로써 하이데거는 기술적 삶의 형식 이외에도 일종의 대안적
삶의 형식을 통찰한다. 그렇다면 기술을 떠나지 않고 기술 안에
서 기술의 변화만을 시도하는 대안적 기술이 아닌, 기술에 대한
대안을 기대할 수 있는가? 물론 기술이란 반드시 전쟁 기술을,
진보라면 환경 파괴를 말하는 것은 아니다. 하이데거의 철학이
나왔을 때는 환경이나 환경 파괴라는 말들이 흔히 사용되지 않았
다. 그럼에도 불구하고 하이데거는 이 연관성을 고려한다.

그가 1950년대에 출간한 기술에 관한 논문들 "기술에 대한 물
음"(Die Frage nach der Technik), "학문과 숙고"(Wissenschaft und
Besinnung), "지으며 살며 생각하며"(Bauen Wohnen Denken)[29],

schen Daseinsstruktur zwischen Differenz und Identität (Freiburg/Mün-
chen, 1980).

28) Heidegger, *Gelassenheit*, 26면.

그리고 1930년대에 이미 출간된《형이상학 입문》[30] 및《니체 강
의록》[31] 등에서 분명히 언명했던 것들은 예를 들어 오늘날의 환
경 파괴에 대한 기술 비판이 행한 것보다 훨씬 진보된 기술 비판
이다. 소규모로 그룹을 만들고 또한 공개적으로 기술의 상태와
그 귀추에 관한 의식이 형성되기 이전에, 이 철학자는 이미 그러
한 경험을 목도하게 된다. 그러나 철학과 공개성 사이의 직접적
귀결을 확정지을 수는 없다.

 하이데거에는 아무것도 암시되어 있지 않으므로, 이 철학의
귀결에서는 인간에 관한 기술적·정치적으로 손에 잡힐 수 있는
것은 아무것도 나타나지 않는다는 난점이 뒤따른다. 훈련이나
주도력, 방책이나 착상 혹은 결의나 기획 등은 충분하지 못하다.
이 모든 것은 하이데거가 제시하는 문제와는 아무 관련도 없다.
물론 1960년대 후반부터 점차 심각하게 거론되듯이, 환경 비판
의 배후에는 경험에 의해서 마주치게 되는 주요 요인들이 있다.
그러나 다른 철학자들과의 그 외의 차이점은, 인간이란 다만 무
엇인가를 시작하여 행하기만 하면 된다는 식의 이해에 있다.

 아마 하이데거 자신은 기술 문제와 환경 문제에 대한 대안적
운동을 계산적 사유로 치부할 것이다. 상황이 변화되고, 그 상
황을 달리 만들 수 있음이 계산될 것이기 때문이다. 하이데거의

---

29) Heidegger, *Vorträge und Aufsätze*, 45면 이하, 145면 이하 참
　　조.
30) M. Heidegger, *Einführung in die Metaphysik*(Vorlesungen von
　　1935), 제 40권 (초판은 1953, 현재판은 Frankfurt a.M., 1983).
31) M. Heidegger, *Nietzsche*, 제 2권 (Pfullingen, 1961).

철학은 이러한 기대에 부응하지 않으므로 이를 대안적 작용들에
알맞게 도출해 내거나 적용할 수는 없다. [32] 물론 기술 및 모든
대안적 운동들과 하이데거의 대안들 사이에는 간접적 관련이 있
기는 하다. 기술의 위험이란 절대로 갑자기 숙고될 수가 없기 때
문이다. 그런데 기술의 위험에 대한 숙고는 초연성과 비밀로 나
아간다.

초연성과 비밀은 이 세상에서 일종의 다른 안주(安住)를 허용
한다. 우리는 기술의 한 가운데에 머물러야만 한다. 이 말은 기
술의 위험이 배제된다는 것이 아니라, 오히려 정반대로 기술의
'제작품들'(Gemächte)에 초연히 대치하여 나란히 있는다면 이 위
험도 더 이상 해를 끼칠 수는 없다는 것이다. 그러나 게슈텔이
보여주듯이, 우리는 철두 철미 기술에 의하여 변형되는데 과연
어떻게 "근거와 토대"(Grund und Boden)라는 이 새로운 장소를
발견할 수 있겠는가? 하이데거는 이에 대하여 역설(Paradoxie)
을 보여준다. 우리는 한편으로 게슈텔의 위험의 한복판에서 인
간이 분유(分有)하는 기술적인 게슈텔 자체의 관통을 보고, 다른
한편으로는 그 위험의 배후로 되돌아갈 수 있다. 삶이란 늘 불확
실한 미래에 대하여 용기를 요구하고, 어떠한 위험도 우리를 근
본적으로 해치지는 못한다는 고전적 삶의 태도가 이 배후에 있지
않은가? 이는 개괄적으로 이해된 정치적 용기의 덕목이다. [33]

모든 것이 잘못되어 실패한다 하더라도 기술은 나를 해칠 수

---

32) W. Schirmacher, *Technik und Gelassenheit. Zeitkritik nach Heidegger*
(Freiburg/München, 1983)은 물론 낙관론적이다.

33) Platon, *Laches*, 특히 195면 이하 참조.

없다. 위험이 가장 클 때 구출(Rettung)도 가까이 있기 마련이
다. 이 말은 간단히 위험에서 빠져나갈 수 있다는 뜻이기도 하지
만, 이 탈출은 먼저 기술의 문제는 해결될 수 없고, 또 그렇기
때문에 문제의 서열에서 비밀이라는 보다 높은 서열로 뒤바뀌는
위험의 문제임이 입증된다는 사실에 가장 깊숙이 침잠할 때에만
가능하다. 이는 기술의 길에서 수행되는 "회귀", [34) 문제로부터
비밀로, 위험에서 초연성으로의 혁명이다. 기술에서 가장 큰 위
험에 직면하는 사람만이 숙고하면서 다른 길을 개척하려고 시도
할 수 있다. 기술적인 길의 통로는 다른 길로 나아간다.

　사유 방식만이 아니라 오히려 게슈텔의 혁명만이 이러한 다른
길로 나아간다. 그렇다면 이 혁명은 언제 시작될 것인가? 하이
데거에 있어서 이 혁명은 기술이 게슈텔로 경험되면서 이미 시작
되며, 여기에 그의 숙고가 연결된다. 이는 기술 자체가 자기를
벗어나는 사유이며, 그러므로 그 다음에는 초연성으로 향하게
된다. 이는 분명 매우 어려운 이행이다. 하이데거 자신도 자기
의 전체 저작을 관통함으로써 비로소 이를 수행할 수 있었다. [35)

34) "존재하는 것에 관한 일별"(Der Einblick in das was ist)은 "회
　귀"로 나아간다. M. Heidegger, "Schlußvortrag", in *Die Technik
　und die Kehre*, 37면 이하. R. Maurer, *Revolution und "Kehre"* (Frank-
　furt a.M., 1975)는 더 커다란 연관에서 회귀에 대한 물음을 제기
　한다.
35) 하이데거는 초연성이라는 용어를 사용하는데 Heidegger, "Zur
　Erörterung der Gelassenheit. Aus einem Feldweggespräch über das
　Denken" (1944/1945), zuerst in *Gelassenheit*, 31면 이하에서 입증
　되듯이, 적어도 1940년대 이래 이에 대한 자각이 있었다. 이

그런데 사실 단순히 비철학적인 사람에게 이 초연성으로의 이
행은 너무 어렵지 않은가? 기술을 직접 겪은 사람만이 전회한다
(umkehren). 오직 사유하고 철학함으로써만 이 경험은 가능하다.
이를 위해서는 철학 체계의 인식이 아니라 숙고가 요구된다. 하
이데거는 직접 이를 보여준다. 오늘날 과연 누가 숙고할 것인
가? 모든 사람은 사람으로 존재하기 위해 이를 할 수 있어야 한
다. 인간은 스스로 기술에 의하여 이 근원적 본래성을 강탈당해
서는 안 되며, 게슈텔에 의하여 숙고를 파괴해서도 안 된다.

하이데거는 게슈텔과 초연성에 대해 일반 청중에게[36] 분명히
피력하면서 가장 진실하게 단순한 사유, 숙고를 촉구한 바 있
다. 초기와 후기의 강의에서 기술에 대한 물음을 제기했듯이,
그는 이 강연에서 가장 절박하게 존재에 대한 역사적 "결단의 물
음",[37] "사유의 세계 물음"(Weltfrage des Denkens)[38] 등을 다룬다.

판은 초연성과 이에 대한 해설에 관한 강연을 싣는데, "초연성"
은 그제서야 전집 제13권인 *Aus der Erfahrung des Denkens* (Frank-
furt a.M., 1983), 37면 이하에 수록되었다.

36) 《초연성》은 하이데거의 고향인 메스키르히(Meßkirch)에서 처
음으로 공개되었다. Heidegger, *Gelassenheit*, 11면 참조.

37) Heidegger, *Einführung in die Metaphysik*, 46면.

38) M. Heidegger, *Der Satz vom Grund* (Pfullingen, 1957), 211면.
하이데거에 대한 최근의 철학적 비판에 대해서는 *Das Philosophi-
sche Jahrbuch*, 제92호(1985)에 "하이데거의 시간 비판"(Zeitkri-
tik nach Heidegger)이라는 주제하에 여러 가지 연구들을 실었는
데 특히 하이데거를 계속 발전시켜 나가는 롬바흐(H. Rom-
bach), 하이데거를 니체로 소급시키고자 하는 젭바(G. Sebba)의

2. 대안적 기술과 대안적 노동

(1) "중간적 기술"(슈마허)

하이데거가 시도한 기술에 대한 숙고에 있어서는 두 가지 통찰
이 엿보인다. 첫째, 기술의 의미는 공공연히 우리로부터 벗어나
며, 둘째, 기술의 게슈텔의 관점에서, 그리고 그 한가운데에서
초연성이라는 새로운 삶의 태도가 가능해진다.

하이데거의 기술 철학은 하나의 대안을 제공한다. 1960년대
이래 구조화되어 확장 일로를 걷고 있는 "대안"(Alternative)이라
는 말의 뜻은 명백하다. 대안적 기술에 대한 반성의 견본적 사례
를 살펴보자. 이는 슈마허가 시도했으며 "중간적 기술"(Mittlere
Technologie, intermediate technology)[39] 및 "부드러운 기술"(Sanfte
Technologie) 등으로 알려져 있다. 대안적 기술에 관하여 다음과
같은 문제들이 거론된다. [40]

연구는 1면 이하 및 142면 이하를 참조하라.

[39] E.F. Schumacher, *Die Rückkehr zum menschlichen Maß. Alternativen für
Wirtschaft und Technik. "Small is Beautiful." Mit einem Beitrag "Small is
Possible." Mittlere Technologie in der Praxis von G. McRobie* (Hamburg,
1977). 이는 철저히 하나의 체계적 연관을 부여해 주는 상이한
논문을 모아 놓은 논문 모음집이다. 우리는 이 책에서 벌써 대
안적 사유, 대안적 행위에 대한 고전적 권위자를 볼 수 있다.

1) 대규모 기술로부터 통관 가능하고 통제 가능한 기술적 통일로의 전향.

2) 자연의 약탈로부터의 전향과 자연 보호를 위한 영속성, 무폭력성의 생태학으로의 전향. 이익, 생산성 및 자기 목적이 아닌 인간을 위한 기술.

3) 제3세계, 즉 아직 기술화되지 않은 세계에 있어서의 중앙적이 아닌 지방적인 기술.

4) 생태학적으로 정초된 농업.

5) 중간적 기술에 의한 새로운 도구들.

슈마허는 자신의 제3세계에서의 경험을 토대로 하여 "중간적 기술"이라는 개념을 구성한다. 여기서는 쟁기와 방사선 도구, 소규모 기술과 대규모 기술의 조직이 공존한다. 슈마허는 기술의 중간적 길을 모색한다. "부드러운 기술"이 지금까지의 딱딱한 기술(die bisherige harte Technik)을 해체해야 한다. 기술의 딱딱함은 그 약탈의 폭력, 인간을 무분별하게 함께 사용하는 자기 목적에 있다.

여기서 숙고는 바로 유럽이나 미국 등 기술 세계의 중앙이 아니라 이제 막 기술이 도입되기 시작하는 먼 세계로부터 시작됨을 보게 된다. 이러한 숙고는 이 점에서 벌써 유럽이나 미국에서 발생한 기술 철학과는 구별된다. 이는 제3세계에 있어서 기술의

---

40) 이 분류가 곧바로 슈마허에게서 나타나지는 않는다. 그러나 슈마허에 있어서 주요 계기들의 열거를 볼 수 있다. 제3세계에 관해서는 *Die Dritte Welt*, 제3부, 149면 이하를 참조하라.

문제이다.

　그런데 제3세계는 기술 세계로 만들 수 있고, 그래서 우리 서
방 세계처럼 되므로 결국 제3세계란 존재하지 않게 된다. 오히
려 하나의 세계(One world)를 실제로 이룩하려는 계획이 중시된
다. 제3세계가 그 나름대로 하나의 세계로 남아 있어야 하는가
에 대한 문제는 결정적으로 중요하다. 이 세계에서 우리의 세계
는 달라질 수 있고, 딱딱한 기술의 세계가 아닌 다른 기술의 세
계가 될 수 있다.

　구체적으로 말하면, 더 이상의 도시화가 추진되어서는 안 되
며, 그곳에 사는 20억의 인구는 2백만 개의 마을을 건설해야 한
다. 이는 지방화 혹은 위협적인 중앙화에 대립하는 지방화의 토
착화로 이해될 수 있다. 이 지방성(Regionalität)에 있어서 자립
성, 즉 이 세계의 자율성이 보장되어야 한다. 그래야만 이 세계
는 실제의 본래대로 자유로운 세계가 된다. 바로 이 점이 문제이
다. 기술을 끌어들임으로써 이 세계에서도 역시 기존하는 그대
로의 본래의 삶의 형식으로 남아 있을 자유, 또한 기술적 가능성
에 의하여 분명히 증가하게 될 자율성을 가져올 자유가 위협받게
된다. 이 문제는 또한 농업이 기술화되어야 하느냐, 고도의 기
술적 발전소가 강제로 설치되어야 하느냐 등의 최초의 문제들과
함께 연관된다. 농촌이 스스로 산업화하고자 하는 데에는 결정
적 논의가 따른다.

　첫째, 대규모 기술(Großtechnologie)은 제3세계의 생활 형식에
나쁜 수단이 될 수도 있다.

　둘째, 산업 사회화하려는 목적은 잘못된 것일 수도 있다. 지금

까지의 농업 사회는 산업 사회로 인하여 소홀히 되었으며, 또한
점차 기술화되어 산업 사회의 형태로 바뀌어 간다는 사실이 이를
잘 말해 준다. 이처럼 잘못된 수단과 목적은,

  셋째, 제3세계가 공공연히 모든 점에서 우리의 경제와 기술에
사로잡혀 지배당하게 되어 성장이 삶의 목표, 형식을 규정한다
는 점과 연관이 된다.

  이상의 세 가지 목표-수단-문제는 주로 대규모 기술에서 나타
나며, 제3세계에서 기술적 진보의 정점으로서 요구되고 또한 커
다란 희생을 치르고서야 도달하게 된다. 농업은 이 기술의 소용
돌이 속으로 빠져 들어간다. 지금까지 제3세계에서 농업은 기본
산업이었으며, 실제로 인간의 노동을 위한 원초적 요인이었으나
우리 사회에서는 부수적인 것에 지나지 않는다. 또한 제3세계에
서의 농업은 부분적으로는 보잘것이 없지만 자연과 생태학적으
로 관련을 맺는다. 이는 우리도 이루어야 할 문제이다.

  대안적인 삶의 형식의 문제를 다루는 출발점에서 시골 생활을
농업과 함께 고려해 본다면 생활에 필요한 것들을 발견하게 된
다. 오늘날의 기술 세계에서 예를 들어 자동차와 같은 기술적 생
활 수단을 그렇게 많이 필요로 하는가에 대해 여전히 자문해 볼
수 있다. 농업이 없이는 살아갈 수 없다. 이는 단지 사소한 정보
인 것처럼 보일 수도 있지만, 바로 여기서 생활 필수품에 대한
관점이 역전될 수 있고 또한 실제로 역전되어 왔기 때문에 이를
사소하다고 볼 수는 없다. 제3세계에서는 농업은 소홀히 해도
되지만 대규모 기술은 더욱 확장해야 한다는 허튼 꿈에 공공연히
몰두해 있는 형편이다. 그러나 대규모 기술은 결국 생활의 대가

를 비싸게 지불하도록 할 뿐이다.

시인 헤벨(J.P. Hebel)을 해설하는 하이데거를 잠시 인용해 보자. "우리는 기꺼이 동의하고 싶든 아니든간에 대기 속에서 호흡하고 열매를 맺기 위하여 뿌리를 땅 속으로 내려야만 하는 식물이다."[41] 인간은 언제나 시골과 농업에 밀접해 있다. 제아무리 운동성과 촉진성을 갖춘 기술적 수단으로써 땅에서 벗어나고자 하여도 인간은 땅 위에 서 있고, 땅과 더불어 합생(合生, ver-wachsen)하며, 그야말로 말 그대로 땅에서 성장해야 한다. 이것이 진정한 인간의 성장(Wachstum)임에도 불구하고 인간은 헤벨의 교훈을 시인하지 않는다.

농업 특히 훨씬더 땅과 밀착되어서 거의 변화의 여지가 없는 삶의 형식을 지닌 제3세계의 농업이 대안적인 삶의 형식을 위한 고려에 적합한지 그렇지 않은지에 대해서는 논란의 여지가 있다. 슈마허는 매우 중요하고 주목할 만한 가치가 있는 대규모 기술로 논의를 시작한다. 대규모 기술은 제3세계의 기술적 시각에는 사실 적합하지 못하다.

(2) 자율적 체계

강철 공장과 같은 대규모 기술은 다만 자율적 체계의 두드러진 실례에 지나지 않는다. 여기서는 꿰뚫어보거나 통제할 수 없음을 경험하는 일이 긴요하다. 모든 소규모 기술 설비, 기계, 도

---

41) Heidegger, *Gelassenheit*, 16면.

구에 있어서는 조정, 통제, 통관(Übersicht)의 문제는 매우 분명
하다. 소규모 기술에서 우리는 하나의 도구를 손에 쥐는 반면
에, 바로 이 대규모 기술은 우리를 송두리째 손아귀에 넣고서 점
차 지배하게 된다. 이것은 하나의 기계가 제작되면 이와 더불어
언제나 인간의 자립성 및 자기 규정이 확보됨과 동시에 상실됨을
의미한다.

　모든 기계는 인간의 자기 규정에 따르면서도 다른 한편으로는
이 자기 규정으로부터 무엇인가를 떠맡는다. 짐을 면제해 주는
짐 면제 장치로서의 기술(Technik als eine Entlastungsinstitution mit
Entlastungsfunktionen)[42]의 측면이 여기서는 너무 적게 고려된다.
모든 생산에서는 바로 인간의 자기 생산이 중요하며, 이는 진화
하는 자율이 어떻게 보일 것인지를 전혀 고려하지 않기 때문이
다.[43] 이는 기술적 객관에서 인간의 자기 산출(Hervorbringung
des Selbst des Menschen)이 일어남을 뜻한다. 망치, 지렛대로부터
언어 기계 장치에 이르기까지의 모든 도구, 기계에 있어서 인간
의 객관화(Objektivierung des Menschen)가 중요하다. 모든 기계는

---

42) A. Gehlen, *Der Mensch. Seine Natur und seine Stellung in der Welt*,
　　(Frankfurt a.M., Bonn, [7]1962), 19면 참조. 여기서 겔렌은 그의
　　인간학에 "'면제'(Entlastung)의 기본 범주"를 도입한다. 이에 따
　　르면 기술은 "인간"이라는 결핍 존재의 면제 제도에 속한다. 여
　　기에 겔렌의 간략한 서술은 같은 저자, "Die Technik in der
　　Sichtweise der Anthropologie", in *Anthropologische Forschung* (Ham-
　　burg, 1961), 93면 이하를 참조하라. 그는 기술의 의미를 "기관
　　의 대용, 기관의 면제, 기관의 능가"에서 본다.
43) 이 책, 1장, 3절 참조.

그때마다의 객관화이다. 인간이 무엇인가 하는 것은 이 객관화된 것에서 드러난다. 이로써 인간은 비로소 주관이 된다. 헤겔은 이 연관성을 주관과 객관의 변증법에 있어서 사유한다. 그 무엇도 타자 없이는 존재하지 않는다. 인간이란 객관을 갖는 한에서 주관일 뿐이다. *

　하이데거의 "존재 이해"(Seinsverständnis)⁴⁴⁾ 및 "현전 존재"(Zu-

---

　* 헤겔의 객관적 정신론에서는 근세 서양 사회의 기술 문제가 가장 첨예하게 주제화되어 이른바 "욕망들의 체계"(System der Be-dürfnisses)를 이룬다. 인간이란 기술(기계)을 수단으로 한 노동에 의해서 비로소 객관화되며, 이 객관화된 인간 정신이 곧 "객관적 정신"(Objektiver Geist)이다. 객관적 정신의 집약태이면서 철저히 근세 자연 과학과 기술을 바탕으로 하여 성립된 근세 "시민 사회"(Bürgerliche Gesellschaft)는 헤겔의 실재적 부정성 (Reale Negativität)을 분명히 보여준다. 인간은 자신의 산물인 기술에 의하여 객관에 도달하면서도 더 많은 생산과 더 많은 이익을 노리는 욕망의 지배를 자초함으로써 도리어 기술의 지배를 받는 노예(Knecht)로 전락하는 비극(Tragödie)이 연출된다. 이 비극은 그 원인이 타자에서가 아닌 바로 자기 자신에게서 비롯됨으로써 더욱 가중화된다. 시민 사회의 본질인 욕망들의 체계를 지배하는 것은 다름아닌 인간의 오성(Verstand)이기 때문이다. 오성은 인간을 유한성과 악무한(Schlechte Unendlichkeit) 속에 밀폐시켜서 마침내 맹목으로 만들어 버린다. 헤겔은 이처럼 근세 시민 사회(영국의 산업 혁명에 의한 산업 사회의 모델)를 부정적 시각에서 깊이 반성한다. G.W.F. Hegel, *Grundlinien der philosophie des Rechts*, §§ 182~208 참조—옮긴이 주.

　44) Heidegger, *Sein und Zeit*, 7면, 특히 16면 참조.

handensein)[45] 역시 여기에 기여한다. 인간이란 다양한 세계-내-
존재 (In-der-Welt-sein)로 이루어진다. 세계 내에 현전하는 것은
본질적으로 이 세계-내-존재에 속한다. 하이데거의 "기초 존재
론"[46]이 모든 존재를 정초하여 연결시키는 인간의 존재 이해는
인간과 그 이해에 관한 근세적 파악을 급진화 혹은 보편화한다.
이것이 홉스에 따라서[47] 인간이란 자기가 만든 것만을 이해함을
뜻한다면, 하이데거에 있어서는 존재 이해를 가진, 그야말로 존
재 이해인 인간, 즉 그렇게 이해된 존재는 존재하는 모든 것을
어떻게든간에 만든다(machen)고 이해할 수 있을 것이다. 하이데
거에 있어서의 인간은 이처럼 그가 스스로 만든 것만을 이해한다
는 근세의 공식을 첨예화시킬 수 있다. 홉스에 따른 이해는 만듦
(Machen)에 의거하고, 하이데거에 따른 존재 이해는 존재 자체
의 가작성에서 이해된다. 존재를 이해하는 존재로서의 인간은
모든 가작성의 본질이다.

　존재는 우리의 손아귀에 있다. 그래서 단순한 도구 및 모든 기
계로부터 가장 복잡한 컴퓨터에 이르기까지의 현전 존재에서 자
기 자신을 만드는 존재 이해의 모습만을 우리는 보게 된다. 손은
대체로 인간이 만드는 세계-내-존재를 보여준다. 손에 의해서
쐐기(Keil), 망치 등과 같은 1차 도구가 발전되었다. 손이란 움
켜쥐기 위한 도구일 뿐만 아니라, 손에서 개념(Begriff)을 지향하
는 이해가 이미 나타나 있음도 이 현상에 속한다. 손으로 움켜쥠

---

45) 같은 책, § 15 이하 참조.
46) 같은 책, 18면.
47) 이 책, 1장, 각주 4 참조.

(Zugriff)과 정신으로 파악함(Begriff), 쐐기와 컴퓨터—여기에는 현상적 관련이 있다. 이러한 연관에서 볼 때 컴퓨터는 더 많이 움켜쥘 수 있는 더 큰 손에 지나지 않는다. 쐐기는 작은 눈금을 따라가지만, 기계에 있어서는 바로 작은 이 쐐기가 점점더 커져서 땅 속을 뚫고 들어가 지하 자원을 캐내며 급기야는 지구를 송두리째 동강낼 수도 있을 만한 핵쐐기(Atomkeil)가 됨을 곰곰이 숙고해 보아야 한다.

손에 의하여 인간의 구조 및 인간의 세계 이해 일반이 드러난다. 어떻든간에 우리는 하이데거의 "현전 존재"라는 용어 속에 파악되는 정세를 지적하고자 한다. 노동이 의거하는 내 손의 작품에 관하여(vom Werk meiner Hände)[48] 언급하는 로크도 마찬가지이다. 노동이란 인간의 중요한 활동으로서 전세계가 내 손의 작품이 됨을 뜻한다. 노동에 의하여 가공된 세계(bearbeitete Welt)는 곧 현전하는 것(Zuhandenes)이다. 노동자로서의 인간 및 노동은 현전성(Zuhandenheit)이 갖는 인간-세계-관계이다.

도대체 어떻게 하여 우리가 손수 만든 작품이 우리를 이토록 어렵게 만드는가? 왜 현전하는 것은 우리를 도울(zur Hand gehen) 수 있을 뿐만 아니라, 도리어 손을 빼앗아갈 수도 있는 것인가? 이 물음에 대해서는 우선 객관적 정신론에 의하여 좀더 분명히 대답할 수 있고, 다시금 객관적 정신론의 의미에서 다음과 같은 질문을 던질 수도 있다. 왜 기술적 객관(technische Objekte)이 우리를 받아들일 수도, "폐기"(aufheben)시킬 수도 있

---

48) Locke, 앞의 책, V, 특히 27절 참조.

는가? 모든 기술적 객관이란 주관으로서의 우리 자신의 객관이
므로 자동화로서의 기술(Technik als Automation)은 객관화된 자율
이 되기 때문이다. 인간은 기술에서 자율을 강화시킬 뿐만 아니
라 동시에 자신을 이중화시킨다. 기술은 표상화되어 상(像)으로
된 인간이면서 동시에 자율의 표상, 상, 반영(Vorstellung, Bild,
Spiegelbild der Autonomie)이다.

헤겔과 하이데거의 고찰의 연관에서 비로소 다음과 같은 통찰
이 시작된다. 즉 자동화에서 자율의 객관화(Objektivierung von
Autonomie)가 귀결되고, 자동 기술에서 현전하는 것의 자율화가
비롯된다. 인간의 자기 규정(Selbstbestimmung)은 기술적인 자기
운동(Selbstbewegung)이 된다. 존재하는 모든 것은 자율이며 또
한 오직 우리 자신인 바의 것으로만(…, nur ist, was wir selbst sind)
존재하며, 존재하는 모든 것은 객관적으로 우리에게 반환된다.
이는 기술 세계(die technische Welt)가 우리의 '작품'(Werk)이라기
보다는 정반대로, 인간과 기술은 자율적임을 의미한다. 여기서
는 자율적 관계가 지배적이다. 우리가 자율을 지배하는 것이 아
니라, 반대로 자율이 우리를 지배한다.[49]

(3) 더 좋은 혹은 다른 기술

대규모 기술로부터의 전향은 "중간적 기술"(intermediate tech-
nology)에 의하여 획득된 새로운 도구로써 수행되어야 한다. 다

---

49) 이 책, 1장, 3절 참조.

음의 사항을 고려해 보자.

1) 더 좋은 기술(bessere Technik),
2) 다른 기술(andere Technik).

1) 대안적 기술을 얻으려고 노력할 때, 지금까지의 기술 이외의 새로운 형식을 모색하는 다른 기술이 문제시된다. 자동차를 타는 대신, 그리고 이에 대항하여 요즘 다시 자전거를 많이 탄다. 약탈-에너지(Raubbau-Energie)에 대항하는 생태-에너지도 마찬가지이다. 예를 들어 핵전기가 아니라 생태 기체에서 나오는 에너지(Energie aus Biogas)를 사용한다. 여기서 현존하는 기술 자체의 개선은 별로 중요한 역할을 하지 못한다. 현존하는 기술의 개선은 기껏해야 이원적 기술, 즉 지금까지의 기술과 새로운 기술을 설정할 뿐이다. 기술의 과제는 기술의 끊임없는 변화의 가능성을 모색하는 일이다. 기술을 좋게, 더욱 좋게 만들어야 함은 아마도 기술만이 그 스스로에게 요청하는 무상 명령(Imperativ)일 것이다. 기술적 무상 명령이란 다음과 같다. 기술이 점점더 나아지도록 기술을 사용하고 증진시켜라, 혹은 개선하라 !

기술에 대한 요구는 개선된 기술을 지향한다. 이 말은 자동차를 멀리 하라기보다는 연료를 절약하고, 적은 배기 가스를 배출하며, 그것을 생산할 때 되도록 적은 재료를 사용하며 보다 높은 안전을 제공하는, 그래서 전체적으로 생산 절차에서 인간과 환경을 더 보호할 수 있는 자동차를 생산하라는 뜻이다. 자동차나

기타 많은 기술적 장치들은 이미 오래 전부터 지금까지 제작되어
온 그대로 제작되지는 않는다.

기술이란 ~할 수 있음(Können)과 연관된다. 이는 벌써
techne라는 고전적인 1차적 기술 개념 가운데 포함되어 있다.
이는 바로 하나의 물건이 최상의 가능한 방식으로 생산되어야 할
예술(Kunst)인 것이다. 이러한 기술 이해가 포함하는 가장 본래
적인 동기는 생동하는 그대로 보존되어야 한다.

제대로 작동하지 않는 기술은 비판받아야 할 것이다. 이 비판
은 인간의 생활 세계와 환경에 대한 기술적 할당 몫에 (auf den
technischen Anteil) 집중되고, 환경을 기술적으로 형태지을 때 야
기되는 감소된 생활의 질을 하소연하게 된다. 도대체 왜 삶의 정
상성의 향상을 위하여 (zur Steigerung der Lebensbefindlichkeit) 바로
이 환경이 산출해 낸 기술이 갑자기 자기 자신에 반대되는 입장
을 취하는가라는 의문을 제기해야만 할 것이다. 비판적 요구는
기술적 환경이 생활을 악화시키는 것이 아니라 새로운 방식으로
그것을 향상시키도록 기술을 개조하게 해야 할 것이다. 문제가
되는 것은 언제나 생활의 향상이며 처음에는 기술을 감소시키려
고 노력하다가도 결국은 생활의 향상을 지향한다.

기술에 있어서 생활의 운동이 스스로를 정체시켜서 결국 죽여
버린다면, 이는 기술이 담지하는 원초적 의미에 배치될 것이다.
이 의미란 거기에 자기 증진 (Selbststeigerung)이 귀속되는 자기 운
동 가운데 머무름을 뜻한다. 여기서 기술은 스스로를 새롭게 자
극하기 위하여 자기 자신을 위기로 몰고간다는 식의 변증법을 추
측할 수 있을 것이다. 기술에 있어서의 틈입 (闖入, Einbrüche)이

란 그럴 경우에 새로운 개척에 해당될 것이다. 그렇다면 환경 비판으로써 기술에 가해지는 비난이란 단지 기술이 가작성과 자기 운동이라는 자기 자신의 원리에 있어서 위태롭다고 자기 스스로를 비난하는 데 지나지 않는다.

오늘날 만들 수 있는 것처럼 보이는 것을 모두 만들어서는 안 된다고 기술을 점점더 비난한다면, 이는 그 자립적 행위, 그 자율에 있어서의 기술에 대한 비판이며, 이때의 요구는 복귀와 교정이다. 이 요구는 전향으로서의 교정이 아니라, 기술이 지금까지보다는 좀더 진지하게 처신해야(sich … nimmt) 함을 의미한다. 이는 기술을 좀더 좋게 만들 것을 요구한다. 가작성과 자기 운동의 원리가 모든 것을-만듦(Alles-machen)이라고 이해된다면 이는 너무 간단한 해석이 될 것이다. 말하자면 기술은 모든 것을 다 만들어서는 안 되고, 다만 모든 것을 더 좋게 만들어야 한다. 기술이란 인간이 자기의 손에 사물을 움켜쥠을 뜻한다. 이로써 환경 문제의 관점에서 무엇을 포기하라는 말이 아니라 만들어진 것을 더 좋게 개선하라는 것이다. 이렇게 하여 기술의 명예는 회복된다. 오직 이러한 의미에서만, 즉 기술 본래의 가능성과 동기에 대한 재고(Rückbesinnung)에서만 기술의 교정(Revision der Technik)이 언급되어야 한다.

환경 비판에는 언제나 기술의 업무가 계속적으로 절박하게 고려된다. 기술은 기술이 바로 그 가운데서 움직일 수 있는 한계점에서 비난받는다. 환경 문제는 기술 비판(강조와 구별)을 유도하며, 이는 기술로 하여금 자신의 본래적 가치를 분명히 보여줄 것을 요구한다. 환경을 무시하는 기술은 환경 비판에 의하여 간접적으로 환경 문제를 재고하게 된다. 그래서 기술은 환경을 더 좋게 만들 수 있다. 기술은 언제나 자기 본연의 업무대로 자기 스스로를 증진시키고 좀더 자립적으로 철저하게, 즉 좀더 자율 적으로 될 수 있는 가능성을 갖는다. 기술적 자기 운동의 관점은 환경 비판을 유도하기도 한다.

2) 기술의 본질은 기술적 자기 운동(자동화)에서 드러나는 인 간의 자기 규정(자율)이다. 기술은 인간 모두를 덮어씌우는 그 물(Netz)이다. 에너지 기술에서든 교통 기술에서든간에 우리는 언제나 시스템이라는 그물에 얽매여 있다. 이는 거기에 대립하 여 지방화(Dezentralisierung)가 회복되어야 할 중앙화(Zentralisie-rung)에서 잘 나타난다. 바로 이것이 가장 재래식으로 이해된 의 미에서의 대안적 기술이다. 중앙화된 기술에 지방화된(탈중앙화 된) 기술이 대립한다. 50)

이익, 자기 목적, 약탈, 이 모든 것은 지방화된 형식의 대안 적 기술에서 아주 배제되거나 혹은 감소될 것이며, 기술적 인간 성(technische Humanität)으로부터 인간적 기술로 넘어가게 될 것 이다. 나는 무엇을 필요로 하는가? 나는 아마 최소한의 기술로 도 살아갈 수 있을 것이다. 그런데 최소한의 기술에서도 새로운

---

50) 이에 관해서는 P.C. Mayer-Tasch, "Dezentralisation und politis-che Ökologie", in *Ökologie und Grundgesetz. Irrwege, Auswege* (Frankfurt a.M., 1980), 69면 이하 참조. 나는 언제나 고려해 볼 만한 가치 가 있는, 정치학-법학적으로 뛰어난 비판가들의 많은 논문들을 제시한다. 여기서 나는 여전히 나에게 자율의 문제로 남아 있는 대안적 기술에 관한 특수한 문제를 목표로 삼는다.

방식으로 자기 운동으로서의 기술의 본질이 드러난다. 인간은
기술이 완전히 자기에게 일치할 수 있도록 직접적이고 피부에 와
닿는 기술을 추구하게 된다. 만들어져야만 하는 것 (Was gemacht
werden soll)이 모든 사람을 규정한다. 물론 여기에는 그렇게 하
기 위하여 급진적 형식의 자율이 요구된다는 점이 거의 고려되어
있지 않은 듯하다. 이로써 기술의 주요 관점 (Hauptgesichtspunkt)
이 포기되는 것은 아니다. 지방화된 기술에서도 역시 자율이 중
요하기 때문이다. 심지어 여기서는 기술의 새로운 반란이 실험
된다. 기술 시스템의 중앙주의 (Zentralismus)에서는 자율이 융성
하지 못하고 몰락한다. 우리는 자동기에게 자율을 부여했고, 자
동기로 하여금 다시 '새로운 자립성'에 대한 요청을 받아들이도
록 요구한다. [51] 이는 기술로 하여금 본래대로 충실히 있으라는
요청이다. 이 새로운 기술에 있어서 인간과 자연의 동일성이 이
룩되며, 이 동일성은 인간과 자연의 운동 구조를 수용하여 상호
일치시키려고 한다. 이는 인간과 자연이 완전히 조화하여 상호
이행하는 운동을 추구한다. 기술은 과거에 항상 이 운동을 지향
해 왔지만 분명하고 충분하게 거기에 도달한 적은 없었다.

"철저한" 기술 (radikale Technik) [52]이 추구되어야 한다는 명제는
우리의 삶과 이 세계를 단지 기술로 덮어씌우는 것이 아니라, 기
술을 기술 그 자체로 성취하기 위하여 기술의 뿌리를 파들어감을

---

51) 이에 덧붙여 다음 절 (2장 (4), 다르게 일하기: "새로운 자립")
   을 참조.
52) G. Boyle und P. Harper(Hrsg.), *Radical Technology*(London:
   Wildwood House, 1976) 참조.

뜻한다. 기술의 뿌리를 파들어감은 자기 규정으로 되돌아감(zur
Selbstbestimmung zurückgehen)이며, 이것이 바로 기술을 대안적
기술로 교정한다. 우리의 명제에서 살펴보면 이는 곧 철저한 자
기 규정, 어떤 것이 어떻게 만들어지는가, 그것이 도대체 만들
어질 수 있는가에 대한 규정이다. 이때 근본적 의미의 가작성은
건드리지 않고, 오히려 인간이 본래의 가작성을 피상적으로 건
드리고 있음이 분명히 밝혀져야 한다. 인간은 먼저 기술의 섬세
한 자취를 추적해 보아야 한다. 그는 기술의 본질을 충분하고 철
저히 받아들이지 않았기 때문에 기술에 대한 통찰과 척도를 상실
하였다.

　이제 도대체 왜 자동기 속으로 사라져 버린 자율이 만족스럽지
못하며, 왜 이 사라져 버림을 몰락으로 경험하고 평가하는지에
대해 의문을 제기할 수 있다. 이 경험은 오로지 도처에서 다양하
게 자극하는 자율 자체의 본질에서 비롯된다. 환경 비판은 물론
지방화된 대안 형식으로 상승해 가지만, 머지않아 자율의 만족
할 만한 효과는 사라져 버려서 그 결과 다른 길, 즉 재래적이지
만 개선된 기술의 길이 자율을 위해서는 보다 높은 효과를 약속
한다. 재래적이지만 개선된 기술과 이 기술을 배척하는 대안적
기술 사이의 이러한 경주는 자율을 향한 목표의 관점으로부터 비
롯된다. 아마 고슴도치와 토끼의 경주에서와 비슷한 일이 벌어
질 것이다. 토끼는 대안적 기술을 가지고 천방지축으로 날뛰며
여기저기를 두리번거리며 뛰다가 길을 잃기도 하는 반면, 고슴
도치는 낡기는 했으나 스스로를 개선하는 기술의 입장에 머무를
수 있다. 자동화(중앙화에 있어서)는 결국 새로운 자율을 찾아

내는 데에만 봉사하는데 지방화된 자율은 바로 이 자율에서 출발
한다. 반대로 중앙주의를 비난함에 있어서 최소한의 성과를 주
는 이 비판은 또다시 자동화에 있어서의 자율을 자극할 뿐이다.
자율의 낡은 길과 새로운 길은 의외로 일치하여 여전히 자율의
길을 이루어 나가며, 인간은 이 도상에서 그럭저럭 (so oder so)
지내게 된다.

　제3세계는 기술에 대한 결정적인 경험의 장소로 된 듯하다.
기술과 자율에 의하여 관철된 동, 서의 제1, 제2세계에서 기술
에 있어서 미래에 무엇이 문제인가 하는 것이 드러날 수 있다.
특히 지금까지의 기술을 전세계로 확산시키는 것은 충분하지 못
하다. 기술에 의하여 범세계적으로 합일되어 있으므로 하나의 세
계를 가진다고 생각하며 출발하는 것이 바로 오늘날의 세태이
다. 기술이란 세계의 기술이고, 세계는 오직 기술이 있기 때문
에 존재한다. 이 말은 맞는 말이지만, 다만 지금까지 생각되어
온 것과는 전혀 다른 의미에서 그렇다.

　슈마허와 몇몇 다른 사람들에게 있어 제3세계는 단지 우연히
기술로써 결정적 경험이 이루어지는 곳은 아니다. 우리는 그 낯
선 세계에서 기술적 세계가 실제로 무엇을 의미하는지에 대해 알
게 된다. 세계는 우리의 기술을 필요로 하지 않을 것이며, 적어
도 지금까지 발전해 온 것과는 동일하지 않을 수도 있다. 따라서
우리의 기술에 의하여 세계의 기술이 발전해 왔으며, 그러므로
기술이 전부라는 입장에서 출발할 수는 없다. 제3세계에서 세계
란 통일도 전체도 아닌 다양성에 있어서의 통일을 의미함을 알게
된다. 이것도 역시 기술의 자기 운동에 해당하는데, 이 운동은

하나의 목적 구조 및 전체 구조에로 자기 자신이 빠져들지 않으려는 것이다. 기술의 자기 운동은 이처럼 자율의 자립성을 나타내기 위한 국부성, 지방화를 포함한다. 여기에서 볼 때 기술이란 한 세계를 위한 가교가 아니라 그 자체로 끝없는 길이다. 이에 대한 표준이 되는 두 가지 자료가 있다.

세계 개념에 여전히 전체 및 하나의 통일이 언급될 경우, 여기에는 이미 우주(Kosmos)로서의 세계, 질서지어진 전체라는 고대의 개념이 숨겨져 있다. 이 세계 개념(Weltbegriff)은 우주라는 개념으로써 이미 오래 전에 극복된 바 있으며, 하나의-세계-표상(One-world-Vorstellung)에 있어서 실제로는 자연 과학에 주어진 세계 개념을 모방한다. 우주(Universum)를 의미하는 이 새로운 세계 개념은 무한한 운동에서의 확산, 운동, 탈중앙화를 뜻한다. 이는 촉진 장치, 주로 정보 기술과 교통 기술에 의하여 우리의 사고에 다가선다. 그 어느 곳에도 목적이 나타나지는 않고 다만 순수한 운동 자체가 문제시된다. 이것이 바로 자기 운동으로서의 기술의 본질의 배경이며, 예를 들어 컴퓨터나 로켓과 같은 기술 장치에 나타난다.

제2세계 혹은 제3세계라고 말할 때는 세계 개념에 있어서의 난점이 나타나는데, 흔히 말하는 "세계관"에서 그렇다. 우주에는 확실히 아무런 세계관도, 오늘날 떠들어대는 제1세계나 제2, 제3세계도 없다. 세계관이란 한 시대에 있어서 우주를 포기해 버리는 잘못된 시도로서 하나의 세계만을 절대적으로 고집하려 하고, 마치 그것을 어떤 척도인 것처럼 선전하려 하며, 결국 인간이 전체적으로 영상 안에(im Bild) 존재함을 보여주는 모양밖

에는 되지 않는다. 세계관을 거부하는 주장은 하나만의 세계는
절대로 존재하지 않는다는 것을 표명한다.

　이 현상은 자율의 지배라는 연관에서 고찰되어야만 한다. 하
나의 세계관을 고집하는 이러한 주장에서는 다음과 같은 의미의
자율이 첨예하게 드러나는데, 즉 이 자율은 일시적 작용 즉 자기
규정과 자기 운동의 내부 과정에 있어서의 일정한 위치를 모든
사람과 시대에 합당한 유일한 것으로 고착시켜서 자기 운동에서
의 막다른 골목으로 이끌어간다는 것이다. 이 자율의 형식은 전
체적 형식(die totalitäre Form)으로 알려져 있다. [53] 이것은 오늘날
정치적으로 뿐만 아니라 다양하게 나타나는 전체주의의 현상이
다. 그러므로 만일 유럽에서 출발하는 제1, 제2의 세계 기술을
지구 도처에 퍼져 있는 것으로 생각한다면, 기술도 역시 전체화
(totalitär)될 수 있다.

　기술의 한계를 공공연히 경험해야만 하는 이때 기술 자체에 대
한 이러한 파악은 바로 이 제3세계에서 성공적으로 교정될 수
있을 것이다. 제3세계는 우리 선진 세계에게는 경험의 장소, 결
단의 장소가 될 수도 있으며, 또한 기술 즉 자율 및 자동화의 관
점에서 끝까지 버티어 낼 수 없는 세계 개념과 관계함을 보여줄
수도 있을 것이다. 이는 비단 이 기술의 붕괴를 점점 위협하는
제3세계에만 해당되는 숙명이 아니라, 바로 우리 선진국의 기술
조직과 자기 이해를 침해하는 것이기도 하다.

---

53) A. Baruzzi, *Europäisches "Menschenbild" und das Grundgesetz für die
　　Bundesrepublik Deutschland*, 26면 이하 참조(Totalitäre Autono-
　　mie).

기술이 아직 철저히 점거하지 않은 제3세계에서는 다른 기술
이 필요하다. 선진국도 물론 이러한 경험을 하지만 그것은 주로
제3세계에 해당되는 일이다. 기술을 교정하는 일은 세계 도처에
서 진행되고 있다. 이러한 기술의 회귀는 제3세계에서 시작되었
으면서도 마침내 선진국에 영향을 미치게 된다. 제3세계에서는
이 문제에 관한 한 아직 모든 것이 열려진 상태에 있으므로, 기
술의 회귀는 선진국에서 훨씬 필요시된다. 물론 후진국에서는
한편으로는 복지를 위해서, 다른 한편으로는 여러 가지 곤궁을
모면하기 위해서 현대 기술을 도입한 까닭으로 위의 사실을 기만
할 수도 있을 것이다. 선진국이든 제3세계이든간에 지금까지의
기술이 개선되거나 혹은 다른 기술에 의하여 대체된다 하더라도
이는 여전히 충분하지 못하다. 그때마다 오직 기술 자체의 충동
으로부터만 필연적으로 발전해 나가는, 개선된 기술과 다른 기
술은 계속적인 변화를 필요로 한다.

(4) 다르게 일하기[54]: "새로운 자립"

과거에 시민의 삶의 형식은 자율에 바탕을 두고 있었다. 새로
운 삶의 형식의 추구는 이 자율을 배제하지 않는다. 아니 그 정

---

54) 이에 덧붙여 J. Huber(Hrsg.), *Anders arbeiten - Anders wirtschaften*
(Frankfurt a.M., 1979) 및 F. Duve(Hrsg.), *Technologie und Politik.*
Magazin der Wachstumskrise(제 8, 제 10, 제 15권), 또한 A. Baruzzi,
Recht auf Arbeit und Beruf?, 및 P. Häberle, "Arbeit als Verfassungs-
problem", in *Juristenzeitung* (JZ), 39(April, 1984), Heft 8, 345 ~ 355

반대이다. 새로운 가치 서열(die neue Wertskalen)[55]을 잠시 검토

면 참조. 여기서는 포괄적 방식으로 권리 문제가 논의되면서 결
정적으로 진행된다. H. Ryffel und J. Schwartländer(Hrsg.), *Das
Recht des Menschen auf Arbeit*; P. Häberle, "Aspekte einer Verfassungs-
lehre der Arbeit", in *Archiv des öffentl. Rechts*, 109(1984), H. 4, 630 ~
655면도 참조.

55) R. Schwendter, *Theorie der Subkultur*(Köln, 1973) 및 7년 후 후
기(Nachwort)를 첨부한 신판(Frankfurt a.M., 1978), 194면 이하
참조. 여기서는 "전체 사회의 규범"을 저변 문화의 규범과 하나
의 도식으로 비교하면서 "변화된 저변 문화의 규범"이라는 하나
의 종합을 시도한다. 이 책 안의 23명의 저자들을 근거로 하여
제출된 규범 등급, 148면 이하를 참조할 것. 또한 K.E. Wenke
und H. Zilleßen(Hrsg.), *Neuer Lebensstil - verzichten oder verändern?*
(Opladen, 1978), 특히 38면 이하의 도식과 73면 이하를 참조
할 것. 법학과적 가치 연구에 관해서는 H. Klages und P.
Kmieciak(Hrsg.), *Wertwandel und gesellschaftlicher Wandel*(Frankfurt
a.M., New York, 1979), 특히 H. Stachowiak u. a.(Hrsg.), *Bedürf-
nisse, Werte und Normen im Wandel*, 제1권: *Grundlagen, Modelle und
Perspektiven*, 제2권: *Methoden und Analysen*(München, Paderborn,
Wien, Zürich, 1982). 또한 "Wertepluralismus und Wertewandel
heute"(*Schriften der Philosophischen Fakultäten der Universität Augsburg
23*), hrsg. J. Becker u. a.(München, 1982)를 참조. 자유에 대한
새로운 이해를 위해서는 D. Suhr, "Freiheit durch Geselligkeit.
Institut, Teilhabe, Verfahren und Organisation im systematischen
Raster eines neuen Paradigmas", in *Europäische Grundrechte*(EuGRZ),
제11호(Nov. 1984), Heft 20, 529 ~ 547면의 고찰이 주목할 만
하다. 독일 연방 공화국에 있어서 정치 기본법 논쟁을 불러일으
킨 기본 가치-논의(Grundwerte-Diskussion)를 상기해 볼 수 있

해 보면 자율, 자기 규정, 자기 실현은 높은 가치 서열을 점유한
다. 자기 실현(Selbstverwirklichung)이란 새로운 자율에 대한 새로
운 용어이다. 여기에 암시된 문맥은 폰더아흐의 "'새로운 자립'
(die neuen Selbständigen): 뜻밖의 현상들을 다루는 사회 과학에
관한 10가지 명제"[56]에 관계한다. 이 10가지 명제는 우리의 노
동 및 소유 사회에 있어서 자율의 문제를 제시한다. "생활, 자
유, 재산"의 소유는 노동에 의하여 취득되어야 한다. 특히 소유
는 자율로서의 자유의 관점에서 단편적으로만 혹은 전혀 획득할
수 없는 것처럼 보인다.

다. 이에 관하여 특히 "가치의 복수주의"의 문제에 관해서는 A.
Schwan, *Grundwerte der Demokratie. Orientierungsversuche im Pluralismus*
(München, 1978)와 같은 저자, "Pluralismus und Wahrheit", in
Christlicher Glaube in moderner Gesellschaft, 제 19권(Freiburg, Basel,
Wien, 1981), 143~211면 참조.

56) G. Vonderach, "Die 'neuen Selbständigen', 10 Thesen zur
Soziologie eines unvermuteten Phänomens", in *Mitteilungen aus der
Arbeitsmarkt-und Berufsforschung*, hrsg. K.M. Bolte u. a., 제 13호
(1980), Heft 2, 153~169면. 나는 부제(10가지 명제…)가 잘못
되었다고 생각하며, 이는 여섯 개의 사례를 제시하면서 통례적
으로 이 현상에 부딪칠 수 있음을 매우 정당하게 잘 증명해 보
인 지은이의 의미에도 부합하지 않는다고 본다. 이 부제는 오직
인간을 취득 집단과 비취득 집단으로 분리시킴으로써 지금까지
의 노동 및 취득 사회의 도식을 고집하는 사회학을 배경으로 해
서만 이해될 수 있다. 그런데 이 10가지의 명제들은 이러한 도
식이 적합하지 않음을 분명히 입증한다. 이 점 역시 여러 참고
문헌이 보여준다. 이에 관해서는 이 장 각주 54를 참조.

이를 자율 문제와 연관시켜 고찰하기 위하여 먼저 10가지 명제를 고찰해 보자.

1) 새로운 삶의 형식을 추구할 때 단지 후퇴를 예방하거나 시민의 삶의 형식에 대한 일면적인 비판이 아닌, 현대 사회에서 새롭고 광범위한 더욱 나은 가능성을 추구해야 한다. 이 시도는 "후기 산업 사회에 있어서의 새로운 가능성"이라는 모토를 내세운다.

2) 비판의 대상이 되는 분야는 산업과 국가(Staat)이다. 사람들은 단순히 이 분야와 대결하는 것이 아니라 예를 들어 경제의 다른 형식을 위한 "시장"과 같은 어떤 여지를 찾아내려고 한다. 주로 대규모 기술의 경향을 띠며, 국가에 의하여 밑받침되는 낡은 산업적 시장 이외에 이제는 소규모 기술과 소규모 경제에 의한 새로운 제2의 보충 형식이 나타나므로, 경제의 이원화가 나타난다.

3) 상속된 소유나 가족적 전통에 바탕을 두지 않은 다른 자립적 실존을 위한 가능성이 시험되어야 한다. 새로운 움직임의 특징은 산업적·연대적이고, 전문적이 아니라 정보적(informell)이며, 시간상 열려 있어야 한다. 정보적이며 시간적으로 열려 있다는 것은 한편으로 기존의 여건들에 얽매이지 않고, 다른 한편으로 규제된 시간제 임금 관계가 안고 있는 시간 문제에 얽매이지 않고 일하거나 생활함을 뜻한다.

4) 경제는 생활의 유지만이 아니라 가급적이면 포괄적인 자기

실현 역시 돌보아야 한다. 이러한 활동은 참여적이고 진지하며, 실험적이고 유희적인가 하면 적게 기술화되어 있어야 한다. 노동 영역과 개인 영역의 분리는 아주 없어져 버리지는 않을지라도 최소화되어야 한다.

5) 새로운 노동, 경제, 기술은 철저히 재래의 관습적 노동, 성과, 경제 관계와 경쟁해야 한다. 그렇다고 해서 물질적인 보장, 물질적인 향상만을 도모하려는 것은 아니다. 이익이 완전히 무시되어서도 안 되겠지만, 그렇다고 해서 그것이 본질적인 관심사여서도 안 된다. 노동 시간은 생활 시간과 달라야 하고, 분업(Arbeitsteilung)보다는 노동의 분할(Arbeitsverteilung)이 더 중시되어야 한다.

6) 새로운 노동, 경제의 형식은 대붕괴를 초래한 지금까지의 구조의 산물이다. 오늘날의 실업 문제, 직업난의 문제는 이에 관한 적절한 반응을 강요한다. 어떻든간에 노동의 위기를 타개하려는 시도가 있다.

7) 오늘날의 노동 시장 문제의 해소를 위한 기여가 이루어질 수 있다.

8) 오늘날의 생활 형식이 취하는 금권주의적 구조에 대한 반대 경향으로서 교육 과정 및 교육 강요로부터의 해방, 교육 및 직업 교육의 전체 문제가 거론되는데, 대학에 이르기까지의 모든 종류의 학교 교육 시스템이 이에 해당된다.

9) 전문인이 취하는 기술적·과학적·관료주의적 "지식층"에 대립하는 반대 유형의 인간이 생겨나야 한다. 새로운 가치를 정립하는 주체로서의 인간이 중요하다.

10) 마지막으로 자율 문제가 강조된다. 새로운 인간은 자기 자
    신과 사회를 규정하는, 그리고 공동체적-지역적으로 자리
    잡은 문화의 담지자라야 한다.

우리가 후기 산업 사회로의 도상에 살고 있다는 것은 이미 평
균적 생활 이해에 속한다. 물론 자기 이해는 동요하며, 부분적
으로는 노동 사회, 산업 사회가 부담하는 현세적 경험의 근거에
로 되돌아가서 시계추처럼 움직인다. 산업 사회에서 후기 산업
사회로의 이행을 염두에 둔다면, 우리는 오늘날 점점더 한편으
로는 후기 산업 사회에로 이행해 갔으면서도 다른 한편으로는 이
전의 산업 사회 내부에서 봉착하는 새로운 문제들과 거듭 대결하
게 된다. 말하자면 우리는 후기 산업 사회가 단순히 거부할 수만
은 없는 실직 문제와 대결한다. 분명히 산업 사회의 내부는 산
업, 경제, 기술의 문제를 안고 있음에 틀림없다. 그러므로 산업
사회의 내부에 숨겨져 있을 수도 있는 새로운 가능성에 대한 반
성의 정위가 필요하다.

오늘날 산업적으로 규정된 시장에는 여전히 산업 사회에서 통
용되던 시장적인 것이 존재한다는 사실이 위에서 언급한 사실과
연관될 수도 있다. 먼저 후기 산업 사회의 가능성을 제시해 놓고
다시금 산업 사회에로 후퇴하는 것은 앞뒤가 맞지 않는다. 물론
경제, 즉 이원적 경제가 안고 있는 두번째의 가능성의 관점이란
여기서 기술과 경제가 취하는 복수의 평면에서 노동해야만 하는
산업 사회의 요구를 계산에 넣어야만 한다. 산업 사회란 말 그대
로 처음부터 대규모 산업을 의미하지는 않는다. 오히려 중소 산

업에 걸맞을 수 있는 중소 기술이 알맞다. 한편으로는 새로운 소
규모 기술이 요구되지만, 다른 한편으로는 언제나 자기의 자리
를 지킬 수 있는, 이미 지나가 버린 낡은 소규모 기술에 대한 재
고가 중요하다.

이원적 경제에 있어서 (in der dualen Ökonomie)는 모든 것이 개
별성에 의존한다. 그러므로 지금까지의 성과 및 연대 관계 (Vor-
leistung und Bindungen)는 거부되며, 가족과 유산이 첫째로 여기
에 손꼽힌다. 이는 생각해 봄직한 문제이다. 재산과 가족[57]이란
사실 거의 같은 것이므로 근원적으로 동일하게 생각되었다. 가
족의 재산이란 논리적으로 분리할 수 없는 것이어서 특히 양도할
수 없는(nicht veräußerbar) 것이기도 하였다. 가족과 그 소유 재
산을 밖으로 양도하는 사람은 전통 뿐만 아니라 그가 본질적으로
존재하는 발판을 부수어 버리는 것과 마찬가지였다. 그것은 근
원적인 공동체의 형식을 띠기 때문이다. 가족의 구조를 깨뜨리
고 밖으로 나가는 사람은 가족과 재산을 잃는 것이므로 국외자,
개별자로 취급되었다. 물론 이처럼 오래된 전통적 가족 및 재산
의 구조는 이미 오래 전에 파괴되어 버렸다.

이제 넓은 의미에서 볼 때 원래 연관성과 공동체가 있던 곳곳
에 해체와 분리가 지배하게 되었다. 직업, 풍습, 윤리, 시대 등
에 대한 새로운 태도, 개별성의 새로운 형식, 말하자면 많든 적
든간에 과거의 자립적 직업들이 상실했던 자립성이 관건이 되고

---

57) A. Baruzzi, *Einführung in die politische Philosophie der Neuzeit*, 216면
이하 참조.

있다.

주로 변화된 노동의 이해를 여기에 꼽을 수 있을 것이다. 노동이란 일종의 필연성일 뿐만 아니라 인간의 자유이기도 하다. 사람이란 노동에 의하여 자기 실현에 도달하려 하므로, 인간이 노동에 대하여 갖는 규정으로부터 자기 규정에, 필요로부터 일종의 유희에 (aus der Not ein Spiel) 도달하려는 그토록 많은 부가어와 술어가 발생한다. 이러한 파악은 결정적으로 근세적인 노동의 파악[58]에 연결되는데, 이에 따르면 인간은 언제나 이미 (immer schon) 실천을 의욕하며, 더군다나 구태여 마르크스에게서 비로소 노동의 필연성으로부터 인간의 자유가 이룩되어야만 한다고 보는 혁명이 발단된 것은 결코 아니다.

아직 재래적인 노동과 결합된 새로운 노동의 파악이 추가적으로 등장하게 된다. 이는 새로운 노동이 과거의 노동과 실제로 각축을 벌일 수 있다는 점에서 이중적 의미의 각축이다. 노동의 새로운 이해는 그야말로 노동의 의미 위기에 대한 (auf die Sinnkrise der Arbeit) 해답을 제공하려 한다. 위에서 열거한 3) 항에서 7) 항까지는, 이것이 단 하나의 문제 즉 노동, 노동 사회, 그 귀결의 문제와 관계되기 때문에 함께 연관시킬 수도 있을 것이다. 산업 사회의 수단인 고도 성장 (mehr Wachstum) 외의 다른 새로운 수단으로 실업 (Arbeitslosigkeit)과 직업난에 대처하려 한다. 오늘날의 노동 사회가 안고 있는 주요 문제에 있어서 서로 협력하여 실업을 경감시키려 한다.

---

58) 같은 책, 63면 이하 참조.

자립성에 포함된 자조(Selbsthilfe, 自助)가 지향하는 삶의 형식은 국가의 도움을 필요로 한다. 여기서는 주로 사회법, 특히 사회 기본법의 구조를 이루는 것이 공공연히 파괴된다. 일반적으로는 보다 강하고 숙련된 사람이 독점하는 자유주의적 개인주의에 대항하여 약자를 보호하는 국가 사회의 공평한 도움을 원한다. 그러나 국가와 사회는 이 한계를 넘어서서 더 이상 교육의 통일적 과정을 고집하지 말아야 한다. 아직 사회적으로 허약한 집단에 대한 물질적 도움이 요구될 경우에는 새로운 법도 요구된다. 우리는 지금까지의 사회 구조에 대한, 이 사회라는 학교에서 신중히 시작되어야만 할 총체적 혁명을 위한 지렛대를 연상할 수 있을 것이다.

9) 항에 확정되어 있듯이, 사회를 새로운 계층으로 뒤바꾸는 일이 중요한 것이 아니라 사람들은 오히려 분명히 사실적 지식에 바탕하여 기능화된, 노동하는 인간으로부터 벗어나서 새로운 가치 지침을 원하며, 어떻든간에 새로운 가치 목록을 요구하고 그것을 숙고할 것임에 틀림없다. 새로운 가치는 모두 노동 산업 사회에서 다소간 상실되어 가는 자립, 자율의 문제를 중심으로 하여 배열된다. 인간은 기술적·학문적 상부 구조의 구축과 관료적 장치들에 연관되어 있다. 8), 9)에서도 이미 교육학이 심각하게 수용하는 비판, 말하자면 순수하게 사실에만 지침되고 가치에는 지침되지 않은 교육은 충분하지 못하다는 점이 거론된다. 이처럼 사실보다는 교육을 중시한다는 것은 이미 정치적 프로그램 및 법에 따르는 것이다. 적어도 이론상으로 볼 때 이 대안적 삶의 형식이라는 표상 안에는 이미 법규화된 삶의 형식이

나타나 있는 듯하다.

10) 에서는 결국 전체 목록이 요약된다. 자율이란 오직 구체적 장소에만 존재한다. 이 사실은 오늘날의 세계 사회에서는 중앙화되지 않고, 자기 규정된, 사회 공동체가 고려된 지역에서 삶과 노동이 영위됨을 의미한다.

목록 전체에서 다음의 사실이 확정된다. 새로운 자립성의 프로그램은 지금까지의 공동체에 대한 혁명이 아니라 부분적으로 매우 오래되었으면서도 소홀히 되어 잊혀진, 그 사회가 포함하는 본래적 경향을 수용한다. 그 위기가 새로운 형식으로 전위되어야만 하는 개인, 개인주의라는 문제가 여전히 대두된다. 2) 에서 9) 에 이르기까지의 모든 명제가 공헌하는 노동 이해(Arbeitsverständnis)의 문제도 이 개인주의의 위기에 속하는 문제이다. 1) 과 10) 은 우선은 대략의 범위를 윤곽지은 다음 최종적으로 자율의 고전적 근본 언어에로 돌아가서 모든 새로운 변수를 역급시키기 위한 테두리 명제이다. 산업적 및 후기 산업적 (industriell wie postindustriell)으로 이해됨직한, 더 확장되고 개선된 새로운 사회의 가능성은 사실상 자율의 새로운 형식에 있다. 자율은 부정된다기보다는 새롭게 시험되며, 3), 4) 그리고 8), 9) 에 언급되듯이 자율은 지금까지 경험해 보지 못한 급진성의 바탕 위에 설정된다. 이처럼 술어적으로 매우 풍부하게 묘사되는 자율 가운데 포함되어서, 노동에 관한 가장 상세한 항들 5), 6), 7)이 발견되는데, 이 항들은 기존의 노동 문제를 단계지어 다시 그 안에 편입시키고자 한다. 이 상태를 수단으로 하여 합법성이 추구되고 있으나 3), 4), 8), 9) 에서 최고의 요구를 공식화함으로써는 특별히 성립되는 긴장이 파괴되어 다시 연결되지 않는다. 그렇지만 사실 이것은 노동 및 직업의 위기에 대한 해답이 되어야만 한다.

이 10가지 프로그램이 후기 산업 사회의 한 가능성을 서술하는지, 산업 사회와 후기 산업 사회 사이의 긴장을 실제로 해소할 수 있는지, 혹은 이 프로그램이 너무나 특수하여 사회와 나란히 진행하지 못하는 것은 아닌지, 최고의 요구와 이로 인해 생겨나는 상황에의 반대 요구가 문제시되는지, 실제로 그릇된 자율의 상태가 밝혀질 수 있는지 등의 문제를 취급하지는 않을 것이다. 이 10개의 항이 반영하는 문제는 특히 근세적으로 출발한 자율의 강력한 징후를 띠고 있다. 새로운 자립성이란 자율 즉 기술, 노동, 경제 등에서 형성되는 산업 사회에로 이끌어간 근세의 낡은 자율이기도 하다. 6)에서는 사실 자율을 위한 자율의 새로운 형식을 추구하는 근세 노동 사회의 결과가 어떠한지에 대해 추측할 수 있다. 여기서는 경제 성장에 힘입어 개인적 성장을 도모하는데, 개인의 성장이란 곧 도처에서 성장하는 자율을 뜻한다. 물론 대안적 삶의 형식을 지향하는 이 프로그램은 낡은 자율과의 교체를 원하지는 않는다. 이에 대한 관련 사항은 논쟁거리가 될 수도 있겠으나 자율과 낡은 의미의 자율의 관계는 여기에 충분히 언급되어 있다. 여기서는 언제나 개인주의 및 자율주의(Autono-mismus)가 원했으면서도 성취하지 못한 것들이 이룩된다. 근세적인 낡은 자율은 새롭게 조직되어야 한다. 낡은 목적은 새로운 수단으로써 도달할 수 있어야 하겠지만, 이러한 수단이 항상 새롭기만 한 것은 아니다.

3. 수단과 폭력

(1) 대안적 운동(계획표)

한 전문가(1980)가 아래와 같은 전망과 구분을 시도하였다.

" 1. 시민 발의권

   2. 반-AKW*-운동 및 대안적 기술을 포함한 환경 운동

   3. 대안적 삶의 양식과 소비 비판

   4. 청소년 운동 및 요즘의 노인 운동

   5. 시골 공동체 운동 및 지방 자치주의

   6. 여성주의, 동성애 운동, 성인의 어린이화 운동을 포함한
      여성 운동

   7. 심리 운동, 여성 해방 운동, 감각 운동

   8. 사이비 종파들과 새로운 정신주의

   9. 평화 운동과 제 3 세계의 주도권

  10. 민주법 및 자유의 와해를 막고 그것을 성취하기 위한 '시
      민권 운동'

  11. 비독재적 좌파와 자발 집단. "59)

＊ AKW=핵, 원전, Atomkraftwerk(원자력 발전기)의 약자―옮
긴이 주.

59) J. Huber, *Wer soll das alles ändern? Die Alternativen der Alternativ-*

이 표는 어떤 역사적 진행 및 그 상호간의 관련점을 밝혀보려
는 요구와 더불어 설정된 것이 아니므로 결코 폭넓게 정초되어
있지는 않다. "아마 다른 사람도 정당한 근거하에 다른 계획표의
설정을 성공시킬 수도 있을 것이다. "[60] 이 표는 "대안 운동에
있어서(in der Alternativbewegung) 일조를 한 최근 10여년의 정치
적-세계관적 조류"[61]가 법률 자체에 있어서 맨 처음 또는 운동
의 진행에 있어서 어떻게 나타나고 형성되었는가 하는 점에 대해
언급한다. "위에서 언급한 각 조류는 기존의 위기 현상에 대항하
여 규정된 반대항에 의거한다. 각 항은 일정한 체계 비판을 공식
화하며, 다시 이 비판을 이에 상응하는 대안적 이념 및 기획과
연결시킨다. "[62]

각 운동은 의식적으로 등장했으며 그 자체 보편성을 띠고 자기
를 관철하려 하므로, 그것은 처음부터 정치적 효과를 노린다는
사실에서 출발해야만 한다. 모든 운동은 사회적 관계를 변화시
키기 위한 일정한 지렛대의 작용을 수행한다는 점에서 정치적이

---

bewegung(Berlin, 1980), 10면. 이 책은 급속도로 증가해 가는
주요 문헌과 참고 문헌에 대한 전망과 일별을 해준다는 점에서
커다란 공헌을 한다. 결정적인 점에서는 다시 후버와 관계하는
K.W. Brand, D. Büsser und D. Rucht, *Aufbruch in eine andere Gesell-
schaft. Neue soziale Bewegungen in der Bundesrepublick*(Frankfurt a.M.,
1983)도 참고할 가치가 있다.
60) Huber, 앞의 책, 같은 면.
61) 같은 책, 9면 이하.
62) 같은 책, 10면.

다. 시민권 운동, 시민 발의권[63] 혹은 비독재적 좌파는 분명히
정치에 가깝지만, 정치에서 멀리 떨어져 있음을 사칭하는 "사이
비 종파" 또는 "심리 운동, 감각 운동" 등도 이와 마찬가지로 정
치 분야 안에 있는 세력 및 반대 세력이다. 바로 이 집단에 의하
여 정치적으로 일반적인 자기 이해가 동요하기 때문이다.

　후버의 시도와 다른 구분을 또다시 시도하는 것은 좋지 않다.
이 표는 충분하다. 표의 1항과 5항은, 그 가운데 공통으로 나타
난 주요 관심사인 기술적 대안에 초점을 맞추어 고찰해 볼 수 있
을 것이다. 중요한 것은 기술 사회, 노동 사회에 대한 비판이
다. 대안 운동은 노동을 추가적으로 끌어들인다. 노동이 안고
있는 주요 문제는, 지금까지는 노인과의 관계에서 노동 연령이
정해졌으나 이제는 그렇지 않다는 것, 즉 노인은 노동 사회, 생

---

　63) 시민 발의권에 관련지어서 나는 P.C. Mayer-Tasch, *Die Bürger-*
　　initiativbewegung. Der aktive Bürger als rechts- und politikwissenschaftliches
　　Problem (Hamburg, 1976) (완전히 새롭게 개정된 제4판, 1981)을
　　제시하고 싶다. 부제가 확정짓듯이, 여기서 중요한 것은 시민
　　발의권하에서 정치적으로 활동하려는 능동적 시민이다. 물론 우
　　선은 정치가 대표 민주제의 형식에 부응하기 위하여 정치가나
　　정당에 양도된 이후에는 재래적인 자기 이해의 내부에서의 대안
　　운동이 문제이기는 하다. 그러나 그 동안 많은 시민 발의권이
　　더 이상 대안 운동으로 정착할 수 없었고, 오히려 이 운동에서
　　경우에 따라 대표적으로 생각하는 비정치적 시민도 정치적으로
　　어떻게 활동하게 되는가 하는 점이 나타난다. 후버에 있어서 시
　　민 발의권이 표를 주도한다면, 이것 역시 일반적으로 이러한 의
　　미를 띤다고 볼 수 있다.

산 사회와 특수한 관련을 맺는다는 데 있다.

계속해서 6항과 8항은 인격성의 발전에 이바지할 수 있는 반면, 9항과 11항에서는 정치적 운동을 인지할 수 있다. 이미 언급된 기술, 인격성, 정치 계획에 관한 항들은 사실상 이 운동을 위한 비판점이기도 하지만, 이 모든 운동에는 동일한 근본적 문제가 영향을 미친다. 시민 발의권에서는 인간에 대한 새로운 정치적 인격성의 이해의 문제가 제기되는데, 그 이유는 인간이 지금까지의 정치 형태 및 대표 민주주의에서 문제시되는, 또한 함께 결정짓는 인격으로서 충분히 인정받지 못했기 때문이다. 환경 운동(Ökologiebewegung)은 기술에 있어서 수단으로 전락한 인간의 인정 문제에 마주 서 있다.

대안 계획에 대한 우리의 명제는 "모든 사람은 동일한 자기 이해에서 출발하며, 이 이해를 지향한다"는 것이다. 이 연관성은 단지 지금까지의 삶의 형식에 대한 비판적 태도에만 있는 것이 아니라, 오히려 이제부터 추적하려는 다양한 지평들, 삶의 영역들에서의 근본 경험에도 있다.

대안의 실천과 이론은 대체로 1960년대 중반에 두드러진 운동으로 착수되어 그 본래적인 범세계적 견고화는 1970년대부터 성과를 나타낸다. 이와 함께 평화 운동도 1950년대 초반에 시작되었다.[64] 상이한 역사적 기원이 아니라, 상호간에 비교될 수 있는 착수점이 중요하다. 물론 대안 운동의 핵심적 내용은 평화 운동에서 가장 먼저 대두되었다. 평화 운동이라는 말이 진정 무엇

---

64) Huber, 앞의 책, 22면 참조.

을 뜻하는지에 대해서 그 당시에는 거의 알 수 없었지만, 그것은
주변 운동이면서도 일종의 정치 운동이었으므로, 그 대표자들은
부분적으로 정치적 지도자였다는 점에서 그 당시에 벌써 대안 운
동으로 불릴 수 있었다. 그러므로 평화당(Friedenspartei)[65]이라는
한 정당이 형성되었다. 이는 어디까지나 제 2 차 세계 대전 이후
독일의 특수한 상황이다. 그러나 평화 운동에 있어서의 대안(das
Alternative)을 보다 폭넓게 명시하려면 인도에서 1930, 40년대에
정치적인 근본 운동으로 일어난 바 있는 무폭력 운동을 상기해야
한다.

   이로써 첫번째 규준이 마련되었다. 대안 운동은, 무조건 관철
되지는 않지만 그렇다고 해서 단순히 주변 운동도 아닌 정치력이
작용할 때에만 가능하다. 이는 우세한 정치 문화 내부의 개척지
로서, 우선 저변 문화로서(als Subkultur)[66] 자리잡고 이해되어 우
세한 문화에 편입된다. 그러나 대안 운동은 선행하는 기존 문화
를 바탕으로 해서만 나타날 수 있다. 이는 다음과 같이 이해될
수 있다. 예를 들어 대안 운동을 설정하고 해결하려는 인격성,
기술, 정치의 문제는 먼저 최소한 보편적 의식 안에서 문제점으
로 알려져 있기 마련이다. 대안 계획의 윤곽은 이미 전체 사회의
윤곽을 잠정적으로 파악하고 있다. 대안은 능동성을 보여주는
반면에 그것은 아직도 일반 문화에서는 여전히 수동적 경험이 지
배적이다.

---

65) 1960년에 결성되어 1961년 및 1965년에 연방 선거가 허락된
　　독일 평화당(DFU).
66) Schwendter, 앞의 책, 같은 면 참조.

이러한 모든 운동이 어떻게 다양성 속에서도 통일과 또한 기본 운동의 전망을 보여주는지에 대하여 일목 요연한 목차를 만들어 보자.

1) 모든 대안 운동에서는 인간이 설정한 수단-목적-관계가 관건이다. 대안적 기술 운동은 다만 두드러진 실례일 뿐, 시민권 운동과 인권 운동도 이에 못지 않다.

2) 대안 운동은 새로운 방식으로 조직화되는 모든 삶의 영역에서 형성된다. 이 운동은 총괄적으로 뿐만 아니라 보다 포괄적인 그 자체에서 총체적 대안성 (eine totale Alternativität)을 나타낸다. 평화 운동은 상위에 있으며, 그렇기 때문에 우연히 역사적으로 가장 오래된 운동인 것은 아니다. 어떻게 보면 평화 운동은 이 모든 운동을 포괄한다.

3) 이 운동이 수단-목적-문제를 포함한다고 해서 대안 계획이 매우 상이한 삶의 영역에 나타나는 지금까지의 삶을 위한 전진 혹은 후진 프로그램, 부가적 혹은 혁명적 프로그램으로 치부되어서는 안 되고, 오히려 삶의 문화 일반이 취하는 내면적인, 그리고 바깥을 지향하는 경향으로 (als die innere und sich nun nach auβen wendende Tendenz der Lebenskultur überhaupt) 인정되어야 한다. 이는 수동성 즉 평화, 인권, 환경학, 도시와 농촌을 언급할 때 모두 타당하다. 아니 다시 말하면 종교 운동이나 감각 운동 및 능동적으로 자기의 모습을 완성하는 자발적 집단에서 나타나는 자기 수행, 자기 실현의 무리한 시도는 기괴한 사건이라기보다는 자율성을 가진 인간의

모습에 속한다. [67]

앞에서 언급된, 모든 것을 포괄하는 평화 운동도 어디까지나 자발적 운동에 접목될 수 있을 것이다. 개인에게서 시작되는 자발적 정치를 생각해 볼 때, 이처럼 거대한 평화 운동도 조그마한 개인들의 정치에 의존한다. 물론 자발적 집단으로 표현되는 비독재적 좌파는 우선은 이 시야에 들어올 수 없다. 비독재적 좌파는 다른 것을 계획하여, 평화를 그들의 프로그램 및 인생관의 전체에 소속시킨다. 그렇지만 그것은 마르크스주의적·사회주의적 논쟁 문제에 휘말리게 된다. 그러나 이 운동은 창의성과 자율성의 요구에 관여한다는 점에서 자율이라는 근세 자유 운동의 범위에 속한다. 자율 집단(Spontitum)은 1940, 50년대에 시도되었으며 특히 만년의 사르트르가 관계한 실존주의를 연상하게 한다.

이제 이것을 다음과 같이 분류할 수 있다. 평화 운동, 시민권 및 인권 운동, 시민 발의권과 민주화, 환경 운동과 대안적 기술, 인격성 운동과 자기 실현(감각, 감수성, 종교성) 운동, 신

---

67) 이에 덧붙여서 "Die Diskussion mit Daniel Cohn-Bendit", in
Autonomie oder Getto: Kontroversen über die Alternativbewegung, hrsg. W.
Kraushaar(Frankfurt a.M., 1978), 187면 이하 참조. 이 책은
1968년 5월의 파리의 관점에서 볼 때 "도구적" 정치에 대항하
는 "진정한" 정치에 관하여 언급한다. 진정한 정치는 현재를 반
영하는 데 반하여 도구적 정치는 인간과 모든 것을 다만 미래를
위한 통과 수단으로 생각한다. 이 시도는 실패했다. 이 시도는
폭력에 의하여 소진되어 버렸음을 이 논의는 언급하지 않는다.

뢰성과 자발성이 그것이다. 여기서는 자발성을 자기 실현 운동 안으로 편입시키는 일이 결정적으로 중요하다.

(2) 평화 운동

평화 운동, 이것이 전쟁 일반에 대항하여 성립되거나 또는 인간을 위협하는 핵무기를 무장 해제시키려 하거나, 아니면 남북 관계에서 점증하는 항의를 겨냥하거나, 또는 오늘날의 세계, 제3세계에 있어서의 폭력을 환기시키려 하든간에 결국 그 핵심은 세계적으로 증가하는 폭력과의 대결이다. 폭력과 그 수단의 배가적 증가는 경악할 만큼 두드러진다. 더 많은 거대한 폭력의 수단을 손에 쥐면 쥘수록, 더 확고하게 폭력으로써 최선을 다해 목표를 달성한다는 확신에 찬다. 이렇게 이해된 폭력은 언제나 새로운 폭력을 낳기 마련이다.

폭력이란 수단에 의거하므로 우선 수단에 관심을 집중시킴으로써 결국 수단으로 끝나 버리는 힘의 형태이다. 사람들은 우선 이 관계를 폭력은 곧 힘의 수단이라는 식으로 생각한다. 수단은 이 수단이 사용되는 목적을 가질 것이다. 이것은 목적-수단-관점이 수단의 시각에 지배됨을 암시하며, 특히 수단 가운데 포함된 힘, 즉 폭력을 남용하는 오늘날의 세계 정치를 말해 준다. 이렇게 점점더 새로운 폭력의 수단이 양산되는 실정이다. 정치의 최후 목표는 수단과 폭력을 증산하는 일이다.

평화 운동은 폭력 수단의 근절을 요구한다. 그런데 만일 이 새로운 정치의 목적일 뿐만 아니라 그 본래적 수단이기도 한 평화 운동이 바로 무폭력(Gewaltlosigkeit)이라면, 이 운동은 무력할 수밖에 없을 것이다. 폭력과 수단을 결여한 힘을 상상해 보라. 도대체 폭력 없는 힘이 나타날 수 있겠는가. 그러나 폭력을 수단으로 한 정치는 힘이 결국 자기 자신을 해치고, 심지어 멸망시킨다는 사실을 가르쳐 준다. 제2차 세계 대전 이후에 승자는 도대체 누구였는가 하는 것은 의문스럽다. 아마도 이후에 전쟁이 벌어진다면 그 이후에도 지상에 인간의 생존 가능성이 남겠는가 하는 점이 의문시될 것이다. 인간은 아마 생명 일반의 힘을 살해할 것이다. 결국 힘에 대항하는 정치라는 것도 이미 사실은 폭력을 바탕으로 추구되지 않았는가 하는 의문이 생긴다. 바로 폭력 속에 감추어진 힘은 결국 폭력으로 인하여 몰락할 수밖에 없다. 이렇게 보면 폭력을 사용하지 않는 힘도 원래는 힘에 봉사하는 정치에 지나지 않는다. 아니 심지어 무폭력적 정치의 시도는 기왕의 역사에 나타난 것보다 더욱 힘을 신뢰하고, 또 그럴 수밖에 없는지도 모른다. 정치가 폭력에 대하여 갖는 변화된 관계는 힘을 떨쳐 버리는 것이 아니라 철저하게 힘을 잡는 데로 나아간다. 인간은 폭력 없이 살려고 하면서도 삶을 제어하고 지배하기를 원한다. 그는 폭력으로써 삶을 몰락시키고 급기야 자기의 힘도 잃게 된다. 바로 이것이 평화 운동 속에 감추어진 정치적 귀결이다.

(3) 시민과 폭력배

시민 국가(die bürgerliche Republik)는 금지 직업(Berufsverbote)* 을 공표하고 폭력배들의 급진적 실존을 한계에까지 밀어부치며 결국 그들을 격리시키기 위하여 감옥을 구축하고 스스로를 보호한다. 이에 대항하여 금지 직업에 반항하는 캠페인, "붉은 도움"(Rote Hilfe), "형벌 집단" 등이 성립되었다.[68] 이 운동들은 시민의 내부에서, 시민법의 비호를 받고서야 가능하다. 이는 시민법이 도대체 어디까지 나아갈 수 있는지를 보여준다. 이른바 반시민 운동은 일반 시민에게는 전혀 해당되지도 않는 시민권을 과도하게 요구할 수도 있다. 이런 의미에서 시민적 자유, 자율의 거대한 부당 이득자를 볼 수 있다. 시민 전체가 폭력배로 둔갑하는 것이다.

그 결과 문제가 더욱 복잡하게 되었다. 어떤 직업으로부터의 고립화, 감옥('격리 감금')에 의한 고립화는 국가가 부적합하게 마련한 방책은 아니다. 고립화는 지금까지 급진적 자율 자체에 의하여 수행되어 왔다. 다만 자율이 고립화로 진전되었을 뿐이다. 급진적 자율을 추구하는 자는 처음부터 그 자신이 고립주의자이다. 그렇다고 해서 급진주의자들 스스로 직업이나 감옥에 의한 고립을 책임져야 한다는 것은 아니다. 일의 결과를 생각해 보아야 한다. 국가는 다만 고립시키는 데서 끝나지만, 급진주의자들은 아예 제거해 버린다. 반드시 폭력배들만이 매일 발생하는 능멸의 작업(Handwerk der Eliminierung)을 수행하는 장본인들

---

* 금지 직업이란 용어는 1980년대 독일 사회의 정치적 분위기를 반영한다. 마르크스주의를 옹호하면서 독일의 헌법을 인정하지 않는 무리, 운동이 일어났는데, 정부에서는 이러한 개인에게 공무원 취직을 불허했다—옮긴이 주.
68) Huber, 앞의 책, 23면 참조.

은 아니다. 그들은 아마 이미 오래 전부터 진행되어 온 능멸 및 무화 운동(Bewegung der Eliminierung und Nihilierung)의 전위대가 아닌 후군에 불과할 것이다.

폭력의 양상을 띠고 나타났거나 혁명에 의하여 구축되었던 시민권 운동은 시민 전쟁에서 등장했다. 이는 한편으로는 수단이었고, 다른 한편으로는 목적이었다. 이미 언급한 급진주의자들로부터 폭력배에 이르기까지 그들은 자율의 최후 시금석인 폭동을 일삼았으므로, 시민 전쟁은 사실은 이미 오래 전에 시작되고 있었다. 인간은 어디까지 나아갈 수 있다는 말인가? 지금까지의 자율은 매우 보잘것없는 결과를 가져왔으며, 많은 점에서 그들이 달성한 것의 배후로 후퇴해 버렸기 때문에, 자율이 새롭게 강화될 것이 요구되었다. 어디에서나 자율이 요구되었다. 기본권을 수호하기 위한 순수한 시민 운동은 급진주의자 및 폭력배와 전례 없이 제휴, 결탁하여 일을 추진하였다. 한 쪽에서는 무엇을 잃어버렸다가 다시 얻으려 하고, 다른 쪽에서는 무엇을 새로이 뭉치기 위하여 그것을 깨뜨리고자 한다. 어떻든간에 'aufheben'(지양하다)이라는 독일어가 다의적이고도 침울하게 나타내듯이 모두는 자율을 지양하려 한다. 시민권 운동에서도 이러한 다의성이 나타난다.

모든 집단은 시민 운동의 광범한 스펙트럼에 있어서 폭력과 관련된 문제를 안고 있다. 이 문제는 폭력배에게 있어서는 간단히 해결되는 듯하다. 폭력배는 그야말로 폭력 그 자체이다. 자율과 폭력은 이렇게 상호간에 지양한다. 폭력배는 폭력을 수단으로 하여 이것을 국가라는 제도권에서 객관화시키는 시민적 진보에

맞선다. 이러한 시각에서 볼 때 국가는 곧 경찰이다. 폭력이 다시금 반환 요구될 때, 그것은 자율에 해당되는 시민적 제도 장치가 새로운 상태로 옮겨 놓이는 데 불과하다. 제도적 장치란 그 수단을 제시해야만 하며, 이것이 곧 폭력이다. 폭력배에게는 폭력과 폭력의 대결이 관건이며, 이 대결이 가장 극단적으로 경찰 및 자기 자신의 폭력을 끌어들이는 한, 폭력배는 급진적으로 폭력에 관계하게 된다. 자율과 이 자율의 제도 사이의 균형이 깨지면, 비로소 합법적으로 경찰의 개입이 확정된다.

"시민은 경찰을 주시한다."[69] 시민은 서로를 제어하고 비난한다. 시민은 더 이상 폭력을 위한 제도에 만족하지 않는다. 그러므로 급진적 자율은 이 새로운 관계에 폭력을 동원한다. 테러에 있어서 폭력은 자기 목적으로 화한다. 그런데 경찰에게 있어 폭력이란 수단이다. 이 목적-수단-문제로 인하여 충돌이 발생한다. 두 자율적 관계는 서로 충돌한다. 처음부터 폭력을 과도하게, 즉 그것을 수단이 아닌 목적으로 끌어들인 급진주의자와 폭력배는 정부를 비난하면서 과도한 수단을 끌어들였다고 주장한다. 예를 들어 긴장만을 조성하기 위한 '금지 직업', '격리 감금'은 과도한, 사태에 어울리지 않는 조치라는 것이다. 즉 방책(Maßnahmen)은 필요 이상의 폭력을 사용한다는 것이다. 사실 금지 직업만 하더라도 벌써 시민-국가 지상주의자들이 빚어낸 정치의 과도한 수단으로 볼 수 있는데, 그것은 직업의 자유야말

---

69) 베를린에서 결성된 어떤 클럽은 이렇게 말한다. 같은 책, 23, 137면.

로 고전적인 시민의 자유에 속하기 때문이다. 이처럼 금지 사항을 제시해야만 하는 정부로서는 사실 모든 것을 민감하게 느끼면서 자기의 실체를 상실해 버릴 수도 있는 위험에 스스로를 내맡기는 셈이다. 이 점은 원래대로 분명히 고려되어야 할 것이다.

　폭력의 관점에서 볼 때 폭력 및 수단, 목적의 연관에 대한 저해된 관계가 드러나게 된다. 시민권 운동의 핵심은 인간이 더 이상 스스로 수단으로 전락하지 않으려는 데 있다. 여기에도 역시 폭력배에 이르기까지의 모든 운동을 하나로 묶는 연대가 있다. 수단-목적-세계-관계가 강구할 수 있는 최후의 것은 바로 이것이다. 목적-수단-관계 안에서 세계를 보고 그것을 설정하면서 살게 되면, 아마도 모든 것이 평가 절하될 것이다. 그리하여 허무주의의 역류에 휘말리게 될 것이다. 모든 것이 수단-목적-관계에서 왜곡되면, 바로 이것이 폭력 관계 즉 인간과 모든 사물의 폭력화인 것이다. 이 관계는 다름 아닌 주로 기술과 경제 분야에서 전개된 근세적인 근본 시각일 뿐이며, 결국 자율 또는 자율적 인간이 맺는 세계와의 관계이다. 이에 따르면 인간이란 목적이므로 다른 모든 것은 그의 수단이다. 자연과의 관계도 목적-수단-관계로서 규정되어, 자연은 인간을 위한 수단으로 전락한다.* 자연은 수단으로 이용되고 폭력으로 압박받는다. 자연력에서 나오는 에너지로 모든 것이 종결되는 것은 아니다. 자연력을

---

* 헤겔은 이를 "유한적-목적론적 입장"(der endlich-teleologische Standpunkt)이라 특징짓는다. G.W.F. Hegel, *Naturphilosophie*, in *Enzyklopädie der philosophischen Wissenschaften im Grundrisse* (1830), § 245 참조—옮긴이 주.

언급함으로써 벌써 자연이 어떤 관점에서 고찰되는지가 나타난
다. 자연을 수단으로 만들면 이것이 곧 폭력이다.

　기술과 경제에 대한 오늘날의 비판은 주로 지상의 모든 것을
이용하고 소비시켜 버려도 지칠 줄 모르는 요구에 가해진다. 자
연의 약탈은 존재하는 모든 것을 규정된 것으로서 (als ein Be-
stimmtes) 구획짓고 매개한다. 이에 대한 수단 규정이 곧 정의
(Definition)이다. 석탄이란 에너지를 얻기 위한 원료로 정의된
다. 오늘날 종종 언급되는 약탈(Raubbau)은 어떤 것이 파괴될
수 있는 것으로 정의됨으로써, 또 정의가 수단 규정으로 귀결됨
으로써 이미 시작된다. 일단 무엇이 구획지어지면 약탈이 일어
난다.

　원료가 고갈된다는 말이 도처에 나돈다. 물, 공기, 땅, 지하
자원 등은 에너지나 그 밖의 용도를 얻기 위한 수단으로 정의됨
으로써 이미 오래 전에 원천(Quellen)으로서의 의미를 잃어가고
있다. 무엇이든간에 일단 정의되면 처음부터 원천으로 있기를
중단한다. 정의됨으로써 원천은 이미 기획되기 때문이다. 여기
서 말하는 원료(Ressource)는 모든 것을 말해 주는데, 이는 사전
에 보조 원천, 보조 수단이라 수록되어 있다. 원천(원료)은 흐
른다(fließt), 그것은 멈추지 않고 계속 흘러야 한다. 이는 원래
‘re-’라는 접두사로 강조되어 나타난다. 그 외에 다른 무슨 뜻이
있겠는가? 에너지는 원료에서 흘러나와야 하지만, 이제는 고갈
의 위험에 직면해 있다. 원천, 흐름(Fließen), 성장의 한계는 처
음부터 존재하였다. 자기 운동에 머무르려는 것은 과학과 기술
의 본질이다. re-source 라는 말도 여기에 해당된다. 원천은 이제

분명히 너무 조금만 솟아오르며, 그 정의에 의하여 비로소 원료
가 되어야 한다. 다시금 이 원천으로부터 나오는 것은 결국 정의
하는 힘만을 부과하는 한계 자체이다. 정의를 내리는 자는 그 수
단 역시 정의하게 된다.

　과학과 기술은 오직 생산성만을 지향하여, 생산성을 증가시키
기 위하여 모든 것을 변화시키고 정의한다. 생산성이 원천으로
부터 붕괴될 위협을 받는다면, 이는 단적인 교란 요인(Stör-
faktor)이 될 것이다. 그러나 성장과 생산성의 한계를 경험하는
일은 근본적으로 과학과 기술의 임무가 아니라, 인간의 단순한
추사유의 소관사이다. 단순한 사람은 이를 경험하기 마련이다.
정의 절차(Definitionsverfahren)에 의하여 움직이는 과학과 기술을
근본적으로 여러 가지 원료의 고갈로 인하여 위험하다고 보는 것
은 낡은 가정에 불과하기 때문이다. 기름, 가스, 석탄이 고갈되
면, 이들은 다른 것으로 옮겨가면서 계속 정의할 것이다. 이는
언제나 기술적 과정에서 일어나는데, 이것은 오늘날 원자의 원
천(die Atomquelle)이 거의 무진장한 것으로 나타나면서 잘 알려
진 사실이다. 생산성의 관점에서 볼 때 우리는 위에서 언급한 약
탈을 정의할 수 있는 모든 것이 또한 실제로 정의된다(alles, was
definierbar ist, auch definiert wird)는 지점까지 계속 나아갈 수 있다
는 점에서 출발해야만 한다. 이는 바로 가작성의 원칙에 들어맞
는다. 과학적·기술적 사유는 한계를 아는 바가 없다. 인간이나
그 외의 무엇에도 구애받지 않는다.

　인간은 끊임없이 세계로부터 수단을 도출해 내어 증가시킨다.
그는 이 수단의 길(Mittelweg)에서 다시금 수단을 만난다. 여기

에 실제적인 자율이 있다면, 인간은 만물과 자기 자신을 수단으로 규정할 수도 있을 것이다. 수단의 생산이란 계속해서 새로운 수단을 생산해 낸다는 유일한 목적을 가질 뿐이다. 수단은 자기 스스로에게서 목적을 구한다. 이 관점을 계속 견지할 경우 실제로 우리는 목적-수단-관계에 관하여 도저히 말할 수 없게 된다.

우리는 지금 수단 문제에 허덕인다. 이는 우리를 몰아댄다. 시민권 운동과 인권 운동도 마찬가지이다. 여기서 인간의 복리가 최고의 인권 또는 인권 정립의 토대로 설정된다면, 문제는 인간이란 수단으로 받아들여서는 안 된다는 것이다. 요컨대 인권이나 인권의 설명은 수단 규정과의 연관에서 고찰할 수 있다. 근세는 풍부한 수단을 가지고 세계를 수단으로 설명한다. 인권 운동은 바로 여기서 출발한다. 인권 운동이나 수단 운동은 나란히 서서 함께 출발한다.

그러나 문제가 이처럼 간단한 것은 아니다. 한편으로는 저절로 모순이 생기고, 다른 한편으로는 자율 및 인권과 수단 사이의 연관성을 인식하기 위하여 계속 나아가야만 한다. 자율은 수단에서 발달했으며, 수단은 자율의 열매이다. 거기서 나오는 폐해 역시 자율의 소산이다. 이는 수단을 가장 광범하게 사용하는 폭력배에게서 찾아볼 수 있다. 그들은 모든 폭력 수단을 동원하여 모든 인간과 결국 자기 자신을 단순한 수단으로 만든다. 그들은 폭행이 무엇을 불러일으키는지에 대해서는 아무 관심도 없이 계획이나 목적이 아닌 수단 자체의 일어남의 한가운데에 서 있다.

단순한 수단의 구조는 곧 폭력의 구조이다. 폭력배는 다만 수단을 향하여 줄달음치는 근세의 경향에 대한 가장 명백하고 극적인 장면에 지나지 않는다. 수단의 길이 이 수단의 종점에 도달했다면 이 길은 분명히 자기 자신을 파괴하고 한계 및 그 전환점에로 나아가서 그 단절을 암시하게 된다. 폭력배나 원자 폭탄은, 국가가 수단을 무한히 증가시킬 수도 있지만 또한 무한히 산산조각낼 수도 있음을 보여준다. 단순한 물건, 곧 수단에서 비롯된 기술적 사건으로서의 원자 폭탄에서 드러나는 것은 폭력배, 인간 자신에게서 나타난다. 기술의 자기 운동은 이처럼 무한히 파괴해 버리는 원자 폭탄이라는 수단에 있어서 자기 파괴에로, 또한 모든 것을 파괴해 버리는 인간에게로 나아갔던 것이다. 폭력의 수단과 폭력적 인간은 서로 잘 들어맞는다. 수단과 인간은 서로 분리시키기가 어렵다. 가작성의 조직은 이러한 인간, 폭력배, 원자 폭탄을 만들어 내는 무기를 가진다. 여기에 예기치 않은 뜻밖의 동일성이 존재한다.

3 재화와 가작성

1. 재화와 가치

생활에 필요한 것은 무엇인가? 이 고전적 물음은 삶의 형식에 대한 새로운 물음 속에, 그리고 대안적 삶의 형식에 대한 물음 가운데 내포되어 있다. 고전 철학과 고전 정치학에서 처음으로 이 물음에 대한 대답이 시도되었다. 이에 따르면 인간이란 삶을 영위하기 위하여 세 가지 재화(財貨, Güter) 즉 외적 재화, 신체적 재화, 내적(영혼적) 재화를 필요로 하며, 이 세번째 재화에는 정치적 재화도 포함되어 있다. [1] 하나의 책상은 외적 재화이고, 건강은 신체적 재화인 반면, 지식은 내적 혹은 영혼적 재화이고 우정은 정치적 혹은 내적 재화이다. 인간은 이 재화들을 필요로 한다. 하기야 어떻게 평가하느냐가 중요하겠지만, 이 가운

---

1) Aristoteles, *Nikomachische Ethik*, I, 8 참조.

데 그 어느 것도 결여되어서는 안 된다. 식량이 없어 고통받거나 친구가 없다면 건강한 신체가 무슨 소용이 있겠는가? 여기에 이미 고전 철학에 있어서 재화와 유용(성) 사이의 구별을 끌어들이는 문제가 발생한다. 건강은 물론 유용하겠지만, 식량이나 친구간의 우정이 없다면 결국 살아남을 수도 없거니와 재화도 안 될 것이다. 좋은 삶을 영위하기 위해서는 우선 무엇을 필요로 하는지가 분명해진다. 모든 재화를 가지고 있을 때만 잘살 수 있다. 무엇이 필요한가? 물론 모든 재화이다. 그러나 어느 정도로 필요한가? 이것이 문제이다.

오늘날 사회 정의의 슬로건이란 모든 것이 모두에게 가능한 한 골고루 분배되어야 한다는 재화의 분배를 말한다. 이 점은 고전적 정치 철학에서 어떻게 나타났는가? 분배 문제는 두 가지 측면을 가진다. 첫째, 재화를 골고루 널리 분배하는 것도 중요하겠지만, 둘째, 이보다는 재화 차원에서의 등급이 훨씬더 중요하다. 위에서 세 가지 재화 차원을, 그들 사이의 원리가 존재하는 한에서 언급하였다. 이 재화는 상호간에 비교되거나 교환할 수 없으며, 상호간에 계산할 수도 없다. 우정과 같은 정치적 재화는 예를 들어 기술에 의하여 생산된 외적인 재화와 비교할 수도, 또한 이리저리 비교 평가할 수도 없다. 고전 철학과 고전 정치학은 재화들의 차이를 통찰하고 그 등급과 분배의 문제를 해결하려고 노력한다.

지금 제기한 사항을 계속 추구해 보자. 우리는 이것을 넘어서서 물건을 가지고 무엇을 만드는가에 대한 물음을 망각하고 있다. 더 많은 재화가 필요한가? 이 재화를 어떻게 취급하는가?

말할 것도 없이 신발이 당장 필요하다. 한 켤레의 신발이면 족한
가? "인간은 두 켤레의 신발이 필요하다." 이는 사르트르의 말
이다. 이것은 무슨 뜻인가? 이는 한 켤레의 신발을 가지고 있을
경우, 그것을 잃어버릴까 두려워하게 된다는 뜻이다. 물론 한
켤레의 신발만으로도 맨발로 살아야만 하는 상태를 족히 벗어날
수는 있을 것이다. 인간은 무엇을 필요로 하는가? 한 켤레의 신
발은 부족하다. 고전적으로 말한다면 좋지 못하다. 그러면 도대
체 몇 켤레의 신발이 좋겠는가? 바로 이것이 문제이다. 평균적
으로 기술화된 오늘날의 세상에서 필수품이라 볼 수 있는 자동차
를 예로 들어 살펴보면, 두 대의 자동차를 필요로 한다고 말할
수는 없을 것이다. 재화들이 원래 인간에 대하여 어떠한 위치에
있는지를 알기 위해서는 다양한 재화들을 고찰해 보는 것이 좋을
것이다.

어떤 것은 많이, 어떤 것은 적게 필요하다. 필요의 차이는 하
나냐 둘이냐 혹은 많으냐 적으냐가 아니라 많으냐 아무것도 아니
냐의 사이에 있다. 확실히 몇 가지 물건은 필요하지도 않은데,
설령 공짜로 주어지거나 자연적으로 제공되더라도 마찬가지이
다. 반대로 어떤 물건은 대량으로 필요하다. 게다가 시간 문제
도 한 몫을 한다. 한 물건은 얼마나 오래 사용할 수 있으며, 또
한 그 물건을 연속적으로 사용하려 하는가 아니면 동시에 사용하
려 하는가? 좁은 의미에서의 생필품으로서 먹을 수 있는 것에
대하여 생각해 보자. 산업 국가에서는 많은 것을 먹지만 산업적
으로 덜 발달된 농업 국가에서는 먹는 것이 너무 빈약하다. 그러
나 그 어디를 막론하든간에 꼭 필요할 것 같지도 않은 것들이 인

간에게 주어진다. 이 때문에 인간의 생존에 꼭 필요한 생필품과
모든 영역에서 예로 들 수 있는, 생활에 꼭 필요한 정도를 넘어
서는 것들, 필수품과 사치 재화를 구별하게 된다.

　이처럼 경험적 사례들에서 무한히 지적할 수 있는 고찰을 근거
로 하여 볼 때, 무엇을 사용하는가가 아니라 그때마다의 대상을
어떻게 평가하는가가 중요하다. 신발이나 자동차를 사용 대상으
로서 좀더 자세히 관찰해 보면, 이 문제가 더 분명해진다. 신발
은 어떻게 사용하는가? 신발은 추위와 더러움을 방지하고 건강
을 유지하도록 한다. 신발을 신고 걸으며, 자동차로 달린다. 이
것은 분명히 인간의 정상적이고도 불가피한 활동이다. 더구나
어떤 사람이 신발을 신고 빨리 뛴다거나 자동차를 고철이 될 지
경으로 오래 탄다든가 하는 것은 전혀 중요하지 않다. 원래 중요
한 것은 과연 우리가 사용 대상과 어떻게 관계하느냐이다. 모든
사용 대상들은 한편으로는 불가피한 사용재 (Gebrauchsgut)이지만
다른 한편으로는 이를 넘어서서 소유 가치 (Besitzwert)를 지닌다.
두 켤레의 신발은 좋고, 신발이 더 많으면 더욱 좋다. 한편으로
는 분명히 사용 대상들을, 그것을 사용하기 위하여 얻으려 노력
한다. 다른 한편으로는 그것을 소유하기 위하여 필요한 그 이상
을 욕구한다. 이러한 생활 방식은 산업 사회에서 발견되는데,
일반 시민이 사용할 수도 없을 만큼의 많은 신발을 소유한다. 물
건이 필요하지도 않으면서 구입한다. 사용하면서 살아가는 것이
아니라, 구입하면서 살아간다. 사용하기만 하는 것이 아니라 소
유하기도 한다.

　물건은 사용재이지만 이를 넘어서서 소유 가치도 지닌다. 이

는 단지 필요한 것보다 많이 가지려는 데에서 뿐만이 아니라, 사
용재로 되는 그 대상이 필요한 것보다 눈에 많이 띄는 데서도 연
유한다. 신발이나 자동차는 걷고 타기에 소용되는 것보다 많은
가치를 지닌다. 소유 가치는 마치 원래의 사용재로서 필요한 것
보다 더 큰 것처럼 보이므로, 높은 가격을 지불한다. 어떻든간
에 많은 물건을 보다 비싸게 사는 사람이 있다. 과연 사용재를
위하여 그것이 본래 가지는 가치보다 비싸게 지불할 수 있는가
하는 것은 문제이다. 물론 이 공식화는 올바르지 않다. 어떤 물
건은 가치가 있을 경우에만 지불하기 때문이다. 가치 있다고 여
기는 그 재화는 중요하다. 이러한 다른 관점에는 무엇이 숨어 있
는가? 여기서는 사용재로서의 물건이 소유 가치로서의 물건으
로 전도된다. 이때 물건 그 자체 (Sache als solche)라는 것을 과연
안중에 두고 있는가? [2]

---

2) 사람들은 여기서 내가 구두와 같이 사용 대상이기도 한 "미적
   가치"를 간과한다고 지적할 수 있을 것이다. 심지어 예를 들어
   장식품처럼 다만 그 아름다움으로 인하여 가치를 평가받는 물건
   도 있다고 반박할 수도 있을 것이다. 그러나 아름답고 마음에
   드는 신발에서의 아름다움이란 바로 재화의 좋음 (zum Guten der
   Güter)에 속한다. 이미 고전 철학에서 나타나듯이, 좋음과 아름
   다움의 연관성은 고려되어야 한다. 이 시점에서 다른 문제를 생
   각해 보겠는데, 즉 사용과 소유에서 나타나는 차이는, 전자에
   있어서는 대상에, 후자에 있어서는 관련점 (Bezugspunkt)에 초점
   을 맞춘다. 소유에 있어서는 물건을 그 자체로서, 고전 철학적
   으로 말하여 실제로가 아니라 그 관계로서 취한다. 어떤 물건이
   사용하기에 좋을 때, 그래서 그것을 상품으로서 얻고자 할 때,

사용 재화로부터 소유 가치로의 전환에 있어서 인간은 분명히 하나의 물건으로부터 다른 어떤 것을 만들려고 하고 또 그렇게 할 수 있다. 다시금 어떤 새로운 것이 만들어진다는 사실이 논의됨으로써 논의 방식이 문제의 배경으로 밀려나는 듯하지만, 사태는 어디에서나 마찬가지이다. 그럼에도 불구하고 새로운 그 '무엇'이 있다. 재화로서의 물건은 부수적 사실로 변모되고 가치라는 새로운 중요 사실이 생겨난다. 다른 그 무엇, 새로운 그 무엇을 만들려고 하고 또 그럴 능력이 있다는 사실이 중요하다. 여기에서 만듦(Machen)이 두드러진다. 인간은 가작성(Machbarkeit)을 보여준다. 이러한 가치 평가에 있어서 실로 어마어마한, 총체적이고 우주적인 가작성이 드러난다. 이는 주로 사용재로서는 아무것도 아닌 것으로부터 소유재로서는 모든 것인 무엇을 만들어 낼 수 있다는 점에서 입증된다.

그것이 좋다(gut)라고 말한다. 어떤 물건이 모든 사용 및 그것을 얻고자 노력함을 넘어서서 그 자체로 마음에 드는 무엇인가를 보여주고, 또한 현상함에 있어서 바로 그 자체로 아름다울 때, 아름답다고 말한다. 아름다움의 규준에 대하여 결정적인 것은, 물건을 다만 그 물건으로서―칸트는 무관심하게(interesselos)라고 하겠지만―아름답다고 보는 것이다. 소유에 있어서는 관심이 우위이다. 소유에 있어서는 심지어 관심에만 관심이 있다고 말할 수조차 있다.

2. 가능성의 가작성

무엇을 모두 가치 있게 만들 수 있다는 것인가? 지금의 주요한 관심사는 이것이며, 바로 갈릴레이와 로크에 있어서 과학적·정치적 근본 공식을 이루는 바 그대로 근세의 근본 문제인 가작성과 맥을 같이한다. 과학과 생활 일반의 공식은 가작성이 바로 만듦의 가능성(Möglichkeit des Machens)으로 파악됨으로써 이해될 수 있다. 그렇다면 가작성과 가능성은 동일한가? 측정의 가능성(Möglichkeit des Messens)과 소유의 가능성—측정이란 인간의 가능성이지만 재산, 생명, 자유의 소유는 다른 가능성인 것 같다. 그러나 이 두 가지 가능성의 영역은, 그 가운데에서 그 무엇이 만들어지기 때문에, 그리고 그 가운데에서 본질적 우월성을 가지는 가작성이 지배하기 때문에, 동일한 연관 안에 있다. 측정이나 재산 등의 소유에 있어서도 마찬가지이다. 이것이 바로 가작성의 가능성이다. 그런데 이것이 확실하다 하더라도 가작성 그 자체에서 무엇이 일어나는가, 그리고 인간과 가작성 사이의 연관은 무엇인가 하는 점은 계속 고려되어야 한다.

첫번째 정의부터 확정지어 보자. 인간은 무엇인가를 만들 수 있는 수많은 가능성을 보유한다. 그는 가작성의 가능성을 지닌 존재이다. 단적인 실례는 갈릴레이와 로크에 의하여 전승된, 과학과 정치에 대한 근세적 공식이다. 여기서 두드러지는 것은 결국 인간이 가작성 자체를 장악하며, 가작성을 만들려 한다는 사실이다. 이것은 특히 자유의 가작성에서(in der Machbarkeit der

Freiheit), 또한 측정의 한계를 넘어서까지의 과학의 무한한 진보에서 분명해진다. 과학은 언제나 그 진보를 측정하도록 요구할 따름이다.

요컨대 근세의 진보가 의거하는 측정과 소유라는 의미의 진보는 가작성의 진보이다. 그저 단순히 언제나 가작성의 새로운 가능성을 열어 놓는다는 사실이 아니라 인간 스스로가 가작성의 문제를 성립시킨다는 사실이 중요하다. 다시 말하면 무엇을 만들수 있는가 뿐만이 아니라 어떻게 만듦이, 어떻게 가작성이 만들어질 수 있는가 하는 물음이 중요하다. 즉 가작성의 수많은 가능성이 아니라 단적인 가작성의 가능성이 문제이다. 가작성으로서의 가작성(Machbarkeit als Machbarkeit)이란 무엇인가?

(1) 과학에서

근세 철학은 가작성에로의 비약으로서 등장하며, 힘(Virtù, 마키아벨리 N. Machiavelli), 능동적 힘(vis activa, 라이프니츠 G.W. Leibniz)[3], 코기토(데카르트 R. Descartes)와 같은 근본 개념, 그리고 아마도 홉스의 인간에 관한 원칙[4]에 가장 명료하게 반영되어 있을 것이다. 이 원칙에 의하면, 인간이란 자기 스스로 만든 것만을 이해하며, 이때의 이해란 만듦(Machen)을 가리킨다. 나는 이해할 수 있기 위하여 만들 수 있어야 하고, 살아갈 수 있기 위하

---

3) 마키아벨리와 라이프니츠에 관하여 Baruzzi, *Einführung in die politische Philosophie der Neuzeit*, 17면 이하 또는 35면 이하 참조.

4) 이 책, 1장, 각주 4 참조.

여 이해할 수 있어야 한다(Ich muß machen können, um verstehen
und verstehen, um leben zu können). 만들 수 있는 것은 모두 만들
고, 만들 수 없는 것은 만들 수 있게 만들어라. 이것이 가작성의
철학이며, 이것은 가작성의 가능성으로부터 가능성의 가작성에
도달함으로써 더욱 나아가게 된다. 과학과 생활 일반이 이러한
시대에 직면해 있다.

　이것은 오늘날 지배적인 학문 이론(과학 이론)인 체계 이론에
서 적나라하게 드러나며, 모든 것을 절대적 다양성에로 지향하
여 우연적 존재로서의 인간을 실증적으로 연구하려 한다. 비판
적 합리주의[5]에서는 특히 가능성의 가작성을 강조한다. 이 이론
은 매우 조심스러우므로 모든 가능한 시각을 처음부터 고려하게
된다. 비판적 합리주의(der Kritische Rationalismus)는 감히 흰 백
조가 현실적으로 희다고 말하지 않는다. 비판적 합리주의는 경
험의 총체적 개방성인 경험 가능성의 원리에 입각한다. 그것은
모든 가능한 경험을 고려하며 이 경험은 스스로의 인식 이론을
포함하므로, 비판적 합리주의는 가능성의 가작성에 의거한다.
검은 백조가 존재할 리는 만무하지만, 나타날 가능성은 있다.
그때마다의 현실성은 실로 아무것도 아니지만, 가능성은 모든
것이다. 이론과 그 진리는 가능하지만, 대립되는 사실들은 더욱
가능성이 많다. 가능한 이론은 사실 가능성들의 바다에 내맡겨
지지만 그 중 단 한 방울만으로도 이론은 무너진다.

---

　5) 비판적 합리주의에 대한 체계적·역사적 비판을 시도하는 O.P.
　　Obermeier, *Poppers "Kritischer Rationalismus"*(München, 1980) 참
　　조.

가능성의 한 영역으로서의 이론(학설)은 언제 어떻게든간에 주어지기 마련인 단순한 현실로서 이루어진다. 비판적 합리주의 의 학설은 바로 이렇게 생각한다. 그러나 사태는 정반대이다. 비판적 합리주의는 계획의 유희, 철저한 가능성의 운동이다. 검 은 백조는 나타나지 않을 수도 있지만 나타날 수도 있다. 가능한 것은 현실적이다. 그리고 가능한 것 일반은 가능하다. 혹시 현 실적으로 검은 백조가 있다고 하더라도 이는 어디까지나 이 학설 에 대해서는 전혀 무관한 일이다. 이 학설은 그 이론적 - 구성적 이고 항속적인 움직임을 총체적 가능성에 있어서 계속 염두에 두 면서 그렇게 움직임으로써 학설의 모든 측정 가능성을 넘어서 나 아간다.

비판적 합리주의는 가작성이라는 근세의 원리를 해결할 수 있 는 과학 이론이다. 이 세상에 있는 모든 가능성, 모든 백조에게 스스로를 내맡기면서, 이러한 가능성을 계속 견지하여 한계를 넘어설 것을 요구한다. 이 이론은 모든 교정의 가능성을 고려하 는데, 그렇다고 해서 이 이론이 불가능해지는 것이 아니라 그 본 래의 가능성이 나타나는 것이다. 이처럼 이론과 진리는 항상 새 롭게 추구될 수 있으며, 항상 새롭게 만들어질 수도 있다. 이론 과 진리는 가능한 자료에 의한 원리적 오류 가능성에 의거하면서 도, 이로부터 그 다음의 학설이 생겨나게 된다. 이는 지식과 과 학에서의 가능성의 가작성이다. 모든 이론은 가능하며 항상 새 롭게 가능하고, 붕괴되어 불가능해졌을 경우에도 역시 가능하 다. 이러한 과학, 오늘날의 인간의 이러한 본질은 가능성의 가 작성이라는 원리 위에서 성립한다.

(2) 생활 형식에서

오늘날의 생활 형식은 가능성의 가작성에 의하여 인각된다.
이것은 위에서 사용재와 소유 가치 사이의 관계를 근거로 하여
고찰되었다. 대상을 재화로서 사용할 뿐만 아니라, 가치로서 다
양하게 평가함으로써 가능성의 무한한 공간(여지)을 창출한다.
가치들이란 가능성의 가작성에서의 생활을 뜻한다. 가작성은 가
치들의 가능성에 있어서 창조되는 것이 아니라 계속 진행한다.
많은 재화를 다양하게 사용할 수 있음으로 해서 가작성은 폭넓게
입증된다. 한 대의 자동차는 인간의 가능한 활동의 하나인 승차
에 봉사한다. 이는 일종의 생활 수단이지만 그러다가 그것은 생
활의 목적이 되기 쉽다. 말하자면 목적을 위한 수단이면서도 생
활 자체의 목적으로 뒤바뀐다. 외적인 재화가 마치 우리 자신의
일부, 그 기관인 듯이 우리에게 접근할 수도 있다. 그럴 경우 외
적 재화는 일종의 신체적 재화로 변모한다. 단지 광고에서만 자
동차가 우리의 파트너라고 선전하는 것이 아니라 오늘날 일반적
으로 그렇게 말해진다. 한 대의 자동차, 아니 정치에 있어서의
많은 사용재들이 사회적 정당성에 귀속됨으로써, 오늘날 공익은
자동차에 의존하게 되었다. 이로써 외적인 재화가 정치적 재화
로 변하게 된다.
　근세의 기술과 과학 이래로 우리는 세상의 그 어느 것도(kein
Ding) 있는 그대로(wie es ist) 놓아 둔 것이 없다(seinlassen). 비
록 모든 사물이 우리에게는 우선 단순한 사물로 존재한다 하더라
도, 우리가 그것을 결국 마음대로 다루고자 하는 것 역시 이러한

움직임에 속한다. 존재하는 모든 것으로부터 다른 어떤 것을 만든다. 현실로부터 일련의 가능성을 만든다. 현실적으로 존재하는 것은 가능적이다. 이 움직임은 계속되어, 현실적으로 존재하는 모든 것은 가능적이고, 가능적으로 존재하는 모든 것은 다르게 가능하다. 이는 가능성 일반의 유희이다. 존재, 현실, 재화를 떠나서 가능성과 가치로 이행한다.

이제 우리는 재화로부터 가치에로의 이러한 이행의 관점에서, 그리고 재화를 고전적으로 구분한 외적 재화, 신체적 재화, 영혼적 및 정치적 재화의 구분을 바탕으로 하여 총괄적으로 고찰해 보자.

1) 하나의 사물은 사용됨으로써 곧 재화가 된다. 마찬가지로 이 재화를 단계지은 다음 가치로 여길 수도 있다. 사물(물건)은 사용재이면서, 이를 넘어서서 소유 가치를 지닌다. 우리는 현실적 재화를 얻으려 애쓰며 또한 가능한 가치를 욕구한다. 재화의 현실성과 더불어 그리고 이를 넘어서서 가치의 가능성이 나타난다. 우리는 현실적 사물로부터 가능성을 만들어 낸다. 즉 하나의 재화로부터 가능성의 가작성이 나타난다.

2) 약간 혹은 전혀 사용할 수 없는 재화, 재화로서는 전혀 현실적이지 않은 무엇이 높은 가치를 지닌 것으로 평가될 수도 있다. 전혀 재화가 아닌 것을 가치 있는 것으로 구분할 수도 있다. 이것이 순수한 가능성의 가작성이다.

3) 어떤 외적 재화(예를 들어 자동차)는 단지 가치로서 평가될 뿐만 아니라, 재화로서 '가치 평가'된다. 재화(Güter)는 재화

일반의 총체성에 도달할 수 있다. 이 점은 위에서 외적 재화가 신체적·정치적 재화로 평가될 수 있다는 실례에서 분명히 되었다. 이 가치의 전환에 있어서 한 재화로부터 가치가 나왔다는 것보다는, 한 재화가 다른 재화로 가치가 전환되었다는 것이 주목할 만한 일이다. 이것도 역시 가작성인데, 이러한 가작성은 한 재화에서 가치가 나왔다기보다는 다른 재화와 단적인 좋은 것 (das Gute)이 나왔다는 점에서 증가한다. 말하자면 현실적인 어떤 재화로부터 가능한 어떤 재화가 나오는 것이 아니라 재화로서의 재화가 다르게 뒤바뀌는 것이다. 분명히 각 재화로부터 모든 재화를 전환시켜 산출해 낼 수 있고, 재화 일반을 나타나게 할 수도 있다. 존재하는 모든 것, 현실적인 모든 것은 현실적인 재화 일반으로 존재할 수 있다. 이것이 가작성의 최고의 향상인가?

4) 사용하는 모든 것은 만들 수 있는 것처럼 보인다. 자유, 생명, 재산은 모두 만들 수 있다. 외적인 재화뿐만이 아니라 특히 신체적·정치적 재화를 포함한 모든 재화를 만들 수 있다. 가작성의 가능성은 무한히 그리고 총체적으로 된다. 모든 것은 현실적으로 만들 수 있고, 현실적인 가작성은 분명히 도달한다. 우선 예전의 시민 공식에 따라서 자유, 생명, 재산을 구분하더라도 우리는 점점더 특히 외적 재화에 귀속되어 이것에 생명과 자유를 내맡기게 된다. 정치는 특히 경제를 부양하고 소비재의 생산에 진력한다. 자유는 분명코 무한한 생산성 및 기술적으로 생산 가능한 재화의 소비에 바탕을 둔다. 만일 자유가 만들어진 외적 재화에 의거하고, 외적 재화와 정치적 재화, 즉 재산과 자유 사이의 차이가 명백히 사라진다면, 우리는 이때의 자유가 다

만 가작성으로부터 성립하지 않는지의 여부를 물어야 할 것이다. 가작성, 가작성의 재화는 우리를 자유롭게 한다. 아니면 정반대로 자유로운 사람은 반드시 모든 것을 만들 수 있다. 어떻게 가작성과 자유 사이에 동일성이 성립하는 것인가? 모든 재화 및 자유의 가작성, 그리고 결국은 자유가 오직 만들어진 외적 재화에서만 드러나게 된다는 것은 중요한 것인가?

5) 인간의 자유는 비단 재화의 가작성, 즉 생명과 자유 자체가 만들 수 있으며 따라서 외적·신체적·영혼적 및 정치적 재화 사이의 구별이 사라지고 만다는 사실에만 있는 것이 아니라, 가치가 산출된다는 사실에도 있다. 앞에서 서술했듯이, 재화는 가치로 변용되어 재화 대신 가치가 들어선다는 가치의 가작성이 가작성의 최고의 가능성이다. 현실적인 가작성이 가능적인 가작성으로 이행하는 가운데 가작성 자체가 드러난다. 재화는 현실적인 것이고, 가치는 가능적인 것이다. 결국 가능성의 가작성이 문제시된다.

우선은 오직 외적 재화만이 만들 수 있는 것으로 나타난다. 기술(die techne)은 재화가 가지는 가작성의 영역을 제한한다. 역사가 진행됨에 따라서 가작성의 가능성은 성장하여 신체적 재화와 거의 동일하게 만들 수 없는 것, 정치술(politike techne)[6]에 있어서 그리 쉽게 만들 수 없는 것처럼 보이는 정치적 재화 등도 가작성에 의하여 포괄하게 되었다. 개선된 옛날의 기술과, 또한 핵

---

6) Platon, *Apologie und Kriton* 참조.

심에 있어서 사물의 제작뿐만이 아니라 인간의 자기 제작까지도 의미하는 근세의 기술 역시 중요하지는 않다. 오히려 기술로부터 (von techne und Technik) 가작성에로의 이행이 두드러진다. 가작성의 강력성은 가작성의 철저한 자유에서 확인된다. 기술에 의하여 제작된 물건은 가능성이 가지는 절대적으로 자유로운 가작성과 비교해 볼 때 그 제작된 현실에 있어서 아무것도 아니다. 가작성은 현실적으로 만들어진 것을 넘어서 모든 물건을 만들며, 가작성 일반을 드러내기 위하여, 즉 현실적으로 만들어진 것으로부터 언제나 가능한 만듦이 나타나도록 하기 위하여, 새로운 물건을 만들려고 시도한다.

가작성은 가치에서 나타난다. 만일 가치가 재화 자체에 있어서 또는 재화를 넘어서서 재화 대신 나타난다면, 이미 현실성으로부터 가능성으로의 이행이 시작된 셈이다. 재화로부터 가치로의 이행은 현실로부터 가능으로의 이행을 반영한다. 이 양자는 가작성에 의거한다. 가작성은 가작성의 가능성으로부터 가능성의 가작성으로 뻗어 나아간다.

3. 가작성과 유토피아

(1) 민주화와 사회화

오늘날 점점더 새로운 재화가 제작되는 실정이다. 그런데 재화의 생산성은 증가하고 있는 반면 재화의 분배는 정체되고 있

128
• • •
3. 재화와 가작성

다. 오늘날의 사회 비판과 사회 정책은 재화의 결여보다는 재화
의 분배 문제에 더 신경을 쓰고 있다. 오늘날의 세계에는 국가간
의 격차, 땅의 분배의 차이, 남북 불균형이 엄존한다는 데 비판
이 쏠리고 있다. 이념적 운동 및 정책은 재화를 지금까지보다 더
양호하고 정의롭게 세계에 골고루 분배하려 한다. 가능한 한 모
든 사람이 모든 재화를, 아니 적어도 평등한 재화를 얻도록 하는
것이, 비록 가장 좋지는 않다고 하더라도 역시 더 나은 삶이다.
말하자면 모든 사람이 자기 소유의 전기 청소기, 텔레비전, 자
동차, 집을 가진다는 것이지만, 문제는 과연 어떠한 재화가 실
제로 분배될 수 있느냐 하는 것이다. 과학적 예측 및 정치적 유
토피아는 기술적으로 생산된 모든 새로운 재화가 각자에게 분배
될 수 있도록 염두에 둔다. 예를 들어 비행기와 같은 재화도 예
외는 아니어서 직접적인 소유는 가능하지 않겠지만, 2020년쯤으
로 예상되는 고도의 세계 여행 사회라는 간접적 관점에서 본다면
간접적으로 취득할 수 있을 것으로 보인다.⁷⁾ 늦어도 그렇게 된
다면 관광에 있어서의 최대의 생산성과 최대의 산업이 가능할 것
이다.

생산과 소비는 모든 재화의 민주화를 지향한다. 모든 재화가
분배되고 또 거기에 모든 사람이 참여한다면, 완벽한 민주주의
가 도래할 것으로 보인다. 그렇게 되면 민주주의의 문제는 생산
성(총소비) 여하에 의존하게 된다. 인간은 재화를 사용하면서

---

7) H. Kahn, *Vor uns die guten Jahre* (Wien, München, Zürich, Innsbruck,
1977), 64면 이하 참조.

생산에 관계하고, 거기서 자기 자신의 인간적 삶을 실현하는데,
이 삶의 실현은 곧 정치성을 띤다. 민주주의의 정치는 곧 재화의
생산 및 그 소비이다.

우리는 점점더 좋고 많은 재화를 원하며, 가능한 한 모든 사람
이 모든 재화를 공평하게 나누어 가질 수 있기를 원한다. 인간이
스스로를 산출해 내는 것(자기 실현)도 역시 일종의 재화의 생산
이다. 인간이 생산할 수 있기 위해서 그 스스로 욕구를 산출해
내야만 함은 이미 오래 전에 척도가 되어 있으며, 이것이야말로
본질적인 생산성이다. 전체의 재화 생산성도 이에 달려 있다.
욕구의 생산성과 연관시켜 보면, 인간은 어떻든간에 인간을, 아
니 어쩌면 새로운 인간을 산출하는 셈이다. 말하자면 기술과 경
제가 제공하는 모든 재화가 실제로, 요구하는 인간을 산출하는
것이다. 인간이 재화를 증가시키거나 변화시킴으로써 마침내 인
간 자신은 변화될 수밖에 없다. 이로써 초래되는 최초의 변화는
시장 유통 과정이 몰고 오는 인구의 증가에서 나타난다. 산업 국
가의 내수 시장이 충분하지 못하면 그 국가는 비산업 국가인 국
외 시장을 필요로 한다. 산업 국가들이 어떻게 아직 산업화되지
않은 나라들을 자기들의 시장 구조 속으로 끌어들이지에 대해서
는 이미 알려져 있다. 산업화 과정 그 자체가 멈추어 버림으로써
시장이 범지구화되어 세계가 내수 시장으로 발전하는 것이다.

민주화가 언급된 다음에는 재화의 사회화(Sozialisierung der Gü-
ter)라는 개념이 고려되지만, 이는 사실 동일한 사태가 갖는 문
제의 두 가지 언사에 지나지 않는다. 굳이 구별한다면 재화의 민
주화에 있어서는 무엇인가가 단순히 이론상 추구되는 반면, 그

사회화에 있어서는 그것이 이미 실제로 수행된다. 후자의 경우
는 예를 들어 어떤 국가가 재화의 사회화를 계획하여 실행할 때
나타나는 일정한 과정의 방식이다. 민주화에 있어서의 과정은
정확히 이와는 정반대로 진행되며, 국민 각자는 생산성으로부터
각자가 어떤 사태에 머무르기 위하여 중요하고 생산적이라고 여
기는 것을 초래하기 위하여 생산성을 수용하려 한다. 민주화를
동요하게 하는 가장 중요하고 어려운 문제는 내가 필요로 하는
것이 무엇인가 하는 점이다. 민주적으로 생각하고 또 이러한 질
문을 던지는 모든 사람은 사회 전체의 관계와 연관지어 정치, 경
제, 기술의 상태가 어느 정도인지를 깨닫게 될 것이다. 그는 언
제나 분배될 수 있는 것이 무엇이고, 개인이 스스로 취득할 수
있는 것이 무엇이며, 그럴 경우 그 하한선과 상한선은 무엇인지
등을 염두에 두게 될 것이다. 이것은 근세적으로 발전된 자유 법
치 국가의 상태인데, 여기서는 사법(Privatrecht)이 법을 지배한
다. 이것이 발전하여 원천적인 사법의 테두리로부터 보편적으로
공법의 성격을 띠는 헌법의 범위로 넓혀진다. 이 과정은 독일 연
방 기본법에 특히 잘 나타나며, 인간의 자유를 규정한 제2항에
서 시작되는 본문(Hauptartikel)은 공법적으로 합법화된 사법을
보장한다. 법과 법치 국가는 자유(Liberalität)와 자유로운 자율적
인간에게 봉사하며, 이 자유의 개념은 인간에 있어서의 어떤 본
질 특징이 부각되어야 하는지에 대해 언명한다. 이는 다름 아닌
개인, 개별자로서의 인간이 소유하는 자유이다. 국가란 개인으
로서의 인간을 위하여 존재하는 것이지 그 반대는 아니다.[8]
　국가는 개인으로서의 인간, 즉 인격(Person)에 바탕한다. 이

관점에서 볼 때 민주화는 인격을 지향한다. 그러나 이것은 오늘
날 의문시되는데, 그 이유는 생산성이 곧바로 인격으로서의 인
간에게 정당화되는지가 매우 의심스럽기 때문이다. 생산은 모두
에게 골고루 영향을 미치므로 모든 것을 우리에게 똑같이 만들어
버리는 재화의 인플레를 조성한다. 이것을 부분적으로 벗어날
수 있을지는 몰라도 많든 적든간에 어쨌든 재화와 그 생산성에
관여하기 마련이다. 그러므로 재화 분배에 있어서의 사회화의
특징을 취하는 정반대의 입장도 사태상 비논리적 모험이라고 볼
수는 없다. 반대로 사회화는 오히려 우월한 생산성을 보장할 수
도 있을 것이다. 일종의 생산성의 조직이라고 볼 수 있는 오늘날
의 세계에서 재화와 생산성의 사회는, 생산적 삶이 취하는 이와
같은 주요 형태가 수반하는 부수적 형태가 아닌지에 대하여 고려
해 볼 만한 일이다.

1) 사회주의에서의 유토피아

우리가 자유주의 사회와 사회주의 사회간의 얽혀진 긴장 관계
를 이미 살펴보았듯이 사회주의 사회의 내부에서는 다시금 새로
운 차원에서의 긴장이 고조된다. 사회주의 사회에서는 실제 현
존하는 사회주의와 근원적 의미에서 생각된 미래에 올 수 있는
사회주의간의 차이점을 안고 있다. 이것은 유토피아적 사회주의

---

8) A. Baruzzi, *Einführung in die politische Philosophie der Neuzeit*, 166면
이하 참조.

와 현존하는 사회주의의 대립이라고 해도 좋을 것이다. 매우 적게 분배받는 사람은 스스로 살아남기 위하여 유토피아를 동경하게 될 것이다. 유토피아 즉 유토피아적 사회주의는 비참한 현실 관계에 대한 대용물에 지나지 않는다. 이러한 논의는 매우 손쉽게 진행시켜 나아갈 수 있다.

사태는 이보다 한층더 복잡하다. "실제로 현존하는 사회주의"와 공상에 의하여 생겨난 사회주의[9]의 차이에 관한 착상은 사회주의와 그 생산성에 상응하며, 단지 현존하는 관계에 대한 반대 이념 혹은 부정적 비판을 나타내는 것이 아니라 오히려 사회주의로 하여금 미지의 충격력(Stoßkraft)[10]을 갖도록 해준다. 사회주의 국가 내부에는 현존하는 부실성(不實性)과 가능한 충족간의 차이가 대단히 크므로 가장 광범하고 포괄적인 생산성이 잠재한다. 분명히 아무것도 분배될 수 없으며 생산성이 최저에 머무른다 하더라도 다른 방식으로 최고의 생산성이 전개된다. 인간은

9) R. Bahro, *Die Alternative. Zur Kritik des real existierenden Sozialismus* (Köln, Frankfurt a.M., 1977).

10) 만일 지성인들이 비사회주의 나라에서 계속 사유하기 위해 실제로 현존하는 사회주의 나라를 떠난다면, 그들의 사회주의적-생산적 이념은 밑받침받을 수 없다. 정확히 보면 사회주의 국가의 정당이나 지도자들에게는 비판과 유토피아에서 나타나는 생산성은 저해를 받아서 나타날 수 없고, 이 점에서 이 지도자들은 어떠한 사회주의의 근원적 파괴도 상상할 수 없을 것이다. 반대로 사회주의 국가들에 있어서의 미증유의 추진력을 인정해야만 할 것이다. 이는 아마도 지금은 그렇지 못하여 자유주의 국가들에 있어서 성취되고 있는 듯하다.

사회화의 사상을 안고 살아간다. 여기서의 생활은 일종의 유토
피아적 기획으로서의 생산성의 지평하에서 영위된다. 삶의 형식
은 곧 유토피아이며, 이것은 문자 그대로 받아들일 수 있다.

　인간은 그가 실제로 사회에 처한 상태로부터 그 어디에론가 탈
출하고자 한다. 이는 정치적 프로그램으로부터 순수한 이론적
고찰에 이르기까지 두루 타당하다. 사회주의적 정치 및 철학은
관점을 미래에, 지금 여기가 아닌 그 어느 곳에 사는, 그러나 원
리적으로 가능하다고 여겨지는 인간을 지향한다. 정치와 철학은
사회주의의 가능성을 열어 놓기 위하여 사회주의의 모든 현실성
을 넘어서 나아간다. 정치 철학적 프로그램으로서의 사회화는
분명 일종의 유토피아이다. 이 유토피아란 삶의 내부에서 긴장
으로 나타나는 삶의 근간이다. 여기서 바로 실제의 삶은 가능한
삶과 비교할 때 아무것도 아니라고 생각하는 긴장이 나타난다.

　매우 구체적으로 우리는 생명, 자유, 재산이라는 자유주의의
삶의 공식이 취하는, 사회주의의 삶의 공식에는 거의 들어맞지
않는 세 가지 시민의 소유물을 비교해 볼 수도 있을 것이다. 사
회주의에서는 우선 생활에 소요되는 일정한 재화, 즉 삶의 안락
이 거부되므로 점점더 전체적 자율로 유도될 수 있는 삶과 자유
를 소유하려는 노력이 분명해진다. 사회주의를 신봉하지 않는
자유 사상가들이 시민법론자들로 나타나는 이유는 사회주의 사
회에서는 자유주의적 시민 기본권이 전혀 실현되지 않는다고 봄
으로써, 사회주의 사회가 자유주의 사회에 뒤처진다고 여기기
때문이다. 개인과 개인의 자유라는 관점에서 이러한 생각이 옳
다고 하더라도, 사회주의적인 정치 철학적 삶의 기획은 인간과

세계의 가작성에 대한 인간의 진보와 재화의 분배를 의문시하기
는커녕 각자의 무조건적 과제로 여긴다는 것은 부정할 수 없는
사실이다.

자유주의나 사회주의에 있어서는 각기 상이한 방식으로 근세
휴머니즘의 프로그램이 실행된다. 이 휴머니즘은 존재하는 모든
것이 인간이라는 바탕에 정초되어야 하며, 세계와 인간에게 있
어서 존재할 수 있는 모든 것은 어쨌든간에 인간의 참여, 즉 노
동에 종속된다고 본다. 휴머니즘은 인간에 의한, 인간에 대한,
인간을 위한 노동이다. 이는 다름 아닌 인간으로부터 인간으로
항속적으로 인간의 주위를 맴도는 운동, 즉 인간의 자기 운동이
다. 인간은 자기 자신으로부터 더욱 인간적으로 되어야만 하고,
그가 사는 세계는 인간 위에 정초되어야만 한다는 것이다. 근세
노동의 정치 및 철학은 이에 기여한다. 노동이란 인간이 일종의
제작된 세계, 제작되어 변경된 새로운 인간을 산출해 내는 식으
로, 자기의 노동력으로 인하여 세계와 자기 자신에 영향을 미치
기 위하여 수행하는 활동이다.

휴머니즘은 자유주의와 사회주의라는 두 가지 길을 취한다.
이는 우선 사회주의의 길과 연결된 자유주의의 길을 취한다. 오
늘날에는 분명히 나란히 진행하는 두 움직임이 존재하며, 동과
서, 사회주의와 자유주의가 분리되려고 하고 있다. 양대 진영의
행위, 즉 노동과 생산성을 살펴보면 근본적 차이점이 있기는 하
지만, 겉보기와는 반대로 근본 특징에 있어서는 동일하다.

자유주의와 사회주의(전체적으로 볼 때 사회주의가 자유주의
의 역사적 연속인지 아닌지, 이 두 방향이 오늘날 분리된 길을

걷지만 동시에 그것이 동일한 길인지 아닌지 등은 중요하지 않다)는 자유주의자와 사회주의자가 추구하는 운동이다. 문제는 이 양자가 모두 끝을 내다볼 수 없는 진보를 갈망한다는 점이다. 바로 이 점이 두 개념을 매우 명료하게 특징짓는다. 두 진영은 운동, 상승, 진보를 의미한다. 자유주의가 내세우는 자유와 사회주의가 주장하는 사회는 미래에 있다.

앞에서 실제로 현존하는 사회주의에 있어서 유토피아의 문제를 약술한 바 있다. 유토피아는 이중적 방식으로, 따라서 역설적 방식으로 존재한다. 그러므로 철저히 사회주의자로 남아 있으려 하면서도 많은 추종자들이 도리어 사회주의를 비판함으로써 사회주의가 실제로 현존하는 그 장소를 떠나는 것은 사회주의의 순수한 운동에 다시 편입되려는 것에 불과하다. 그들은 그 진영으로부터, 즉 그 도피처로부터 그 어느 곳에도 현존하지 않는 곳으로 나아간다. 이처럼 사회주의의 비판가는 유토피아의 긴장 가운데 서 있다. 거기에 살면서도 거기에 현존하지 않으려 하고, 사회주의의 운동 가운데 있으면서도 어디로 나아가려 하는지를 모른다.

실제로 현존하는 사회주의 국가들은 나름대로 이것을 경험한다. 사회주의에 관한 고정된 모습만을 주장하는 정당 이념의 경험은 자유 사상가 및 비판가와 비교될 수 있다. 이 양자는 서로 연관을 맺는 동전의 양면과 같다. 겉보기에 고정된 듯한 지역적 정당도 역시 유토피아의 긴장 가운데에 있다. 이때의 유토피아란 무엇인가? 이는 모든 것이 더 나아져야만 한다는 변명이요, 사회주의로 나아가기 위해서는 지금 여기에서 더욱 열심히 노력

해야 한다는 암시인 동시에 미래인의 언사이기도 하다. 존재하
는 모든 것은 다른 것과 관계하며, 한 장소 역시 다른 장소와 관
계하기 마련이다. 사회주의적 인간이나 정당은 언제나 유토피아
의 상태에서 나타난다. 모든 것을 미래에 설정하는 정당의 프로
그램은, 이를 어떻게든간에 강화시키려 할 경우 현존하는 사회
주의로부터 거리를 두려는 사회주의의 유토피아적 기획에 못지
않게 유토피아적일 것이다. 사회주의가 언제나 변함 없이 의미
하는 것은 운동이 지배적이며 인간은 과정중에 처하여 있으므로
그 어느 곳에도 존재하지 않는다는 사실이다. 사회주의는 이 점
에서 일종의 유토피아주의이다.

2) 자유주의에서의 유토피아

사회주의에서는 대체로 유토피아가 어떻게 나타날 수 있는가
하는 것은 밝혀졌지만, 이와 비교해서 자유주의의 유토피아를
밝히는 것은 어렵다. 자유주의의 유토피아는 어떻게 나타나는가?
자유주의의 유토피아는 어떻게 나타나게 되는지에 대해서 알
아보자. 자유주의는 모든 재화의 민주화를 추구한다. 각자는 개
인 및 인격으로서 자기의 완전한 실현을 도모하려 하며, 이는 소
유(Besitz)로써 이루어진다. 이는 결국 재화의 가작성에 바탕을
둔 자유, 생명, 재산의 소유를 뜻한다. 각 개인은 이 가작성에
참여한다. 이는 곧 사용은 물론 생산에의 참여인데, 이때의 차
이점은 가작성에 있어서 일치되는 생산과 소비의 통일을 충분히
강조하기 위하여 생략해도 좋을 것이다. 개인이 필요로 하거나

원하는 모든 것은 생산할 수 있고, 또 그렇게 하도록 되어 있다. 민주주의의 국가 형태는 오직 이 목적에만 봉사한다. 인간이란 가작성을 담지하고 있는 개체이다. 그러므로 자유주의란 인간을 점점더 가작성으로 향하여 해방하는 운동이다. 이 해방(Be-freiung)은 가작성의 능력을 향상시키는 데 있다. 인간이란 현실적으로 생산하는 존재, 즉 공작인(工作人, homo faber)이다.

자유주의는 자유를 바탕으로 한다. 우리는 인간이란 개별적 존재로서의 자유로운 가작성이라고 말한다. 반면에 사회주의는 유적 존재 및 사회적 존재로서의 인간 안에 생산성이 주어져 있다고 본다. 오직 가작성만을 증가시키려는 이 두 움직임에 노동자로서의 인간이라는 관점에서의 공통점이 있다. 그러나 양자 사이의 주목할 만한 차이점은 자유주의가 과거의 역사에서 이미 많은 것을 성취해 낸 반면에, 사회주의는 앞으로 모든 것을 인간을 위해서만 행하며 그의 가작성을 성취하고자 하는 데 있다. 사회주의는 이제부터 모든 것을 이룩하려 하는데, 자유주의는 이미 많은 것을 성취해 내었다. 어떻든간에 자유주의와 지금까지 이 이념에 의하여 조직된 국가는 일정한 생활 수준을 달성해 왔으며, 이 생활 수준에서 예를 들어 재화의 소비와 같은 높은 수준의 가작성을 성취하였다.

자유주의에 있어서의 가작성은 모든 개인이 모든 재화를 소유할 수 있기 위해서는 다만 시간상의 문제만이 남아 있을 정도로 성공적으로 성취되었다. 재화의 완벽한 민주주의가 이미 착수되었으며, 과학적 예측과 프로그램은 머지않은 장래에 모든 재화의 민주화가 달성되리라고 주장한다. 전기 청소기로부터 개인용

비행기에 이르기까지의 공급이 최고의 효율성을 소유한 산업적
인 가작성에 의하여 가능해질 뿐만 아니라, 거기에 참여한 개인
은 그것을 사서 사용할 수 있을 것이다. 우선 이러한 일의 사실
적인 실현, 즉 구매가 아니라 가작성이 언제나 특징짓는 소유욕
의 실재성이 문제시된다. 이것저것을 소유하고 싶다는 욕구가
환기됨으로써 삶의 기분과 삶의 형식은 이 가작성에 의하여 파악
된다. 가작성은 벌써 발동하기 시작했고, 모든 개인은 이와 더
불어 나아간다. 모든 것이 이미 가작성에 의하여 제어된다는 시
각에서 보면, 가작성(또한 그 하위의 형태인 모든 재화의 분배
와 사용)은 유토피아가 아니다. 그럼에도 불구하고 여기서는 유
토피아를 경험하는가? 이것은 무슨 뜻인가?
　자유주의에 있어서는 가작성, 재화, 소비 등의 민주화에 의하
여 우리 자신이 제어당한다. 시야를 모든 재화로 돌려보면, 어
떤 사람은 모든 것을 가지고 있으면서도 아직 생산되지 않은 새
로운 것을 갈구하는가 하면, 다른 사람은 이 소유자를 보면서 그
것을 얻으려 한다. 이 모두가 무엇을 가지려는 소유욕, 가작성
에 빠져 있음이 공통점이다. 모두가 가작성이라는 외투에 둘러
싸여 있다. 이로써 거점을 확보한 듯이 보이지만, 이 거점은 실
제로 어느 곳에도 있지 않다는 의미에서 유토피아적이다. 각자
는 다른 사람이 가졌거나 가질 수 있는 것을 원한다는 점에서 그
렇다. 그들은 일자가 타자보다 많이 가질 수 있으리라는 것을 아
는 동시에 불신한다. 적어도 다른 사람처럼 혹은 더 많이 가지는
것이 삶의 표어이다. 나는 언제나 나와 나의 것, 그리고 다른 사
람의 소유와의 긴장 가운데 있고, 그래서 한 곳에서 다른 곳으로

비약한다. 나의 삶의 형식은 한 곳에서 다른 곳으로의 긴장이
며, 이 긴장 자체는 아무 곳에도 없다는 것의 경험에 지나지 않
는다. 나는 많은 물건을 가지면서도 이에 추가하여 더 많이 가지
려 하고, 급기야 모든 것을 가지려 한다. 이는 점차 증가해 가는
소유에 대한 욕망이며, 가능성의 가작성에 대한 경험이다. 가작
성이란 따라서 그 자체로 유토피아이다. 하나의 사실에 있어서
또한 나 자신에 있어서, 나는 누구이며, 과연 어떤 처지에 있는
가 하는 인간과 세계에 대한 고전적 물음으로써 지금 여기에 유
토피아를 드러내기 위하여 계속 의문을 제기할 수 있을 것이다.

(2) 가작성의 유토피아

이러한 유토피아는 전혀 다른 형식으로도 존재할 수 있다. 해
안을 둘러보고 그것이 콘크리트로 너무 딱딱하게 기초 공사된 것
임을 알게 되고, 풍경 속의 길이 사실은 아스팔트길임을 확인하
는가 하면, 어떤 집에 들어가 보고 거기에 사람이 전혀 살 수 없
음을 보게 된다. 그뿐인가. 숲을 산책하면서 죽은 나무들을 본
다. 우리는 자유로운 공기에서 호흡하고 싶고, 이를 들이켜 내
음을 맡고 싶다. 또한 강에서 수영하면서 그것이 물이라고 말할
수도 없을 정도로 오염된 폐수임을 보게 된다. 물은 더 이상 물
이 아니라 이미 다른 것으로 변했다. 공기, 길, 풍경, 도시 등
이 모두 그러하다.
물론 지금까지 마땅히 그래야 할 그대로 되어 온 적은 한 번도
없었으며, 인간의 재화와 그 재화와의 관계에 대한 편견은 늘 있

어 왔으며, 그 결과 오늘날은 단순히 가작성을 지향해야만 한다
고 반박할 수도 있을 것이다. 가작성에 관계하는 사람은 거기서
파생되는 모든 귀결을 함께 부담하고 이루어나가지 않을 수 없
다. 일단 그렇게 되면 가작성 안에서 자유롭게 되고, 계속해서
자율이 승리하게 된다. 그 동안 도처에서 가작성의 범위 안에 나
타나는 모든 것이 달라져 버렸다. 종종 길, 해변, 물, 공기 등
이 무엇인지에 대해 전혀 모른다. 말이 더 이상 명료하지 않으며
따라서 개념도 없다.

　길은 더 이상 길이 아니다. 어디에 또 길이 있는가? 가작성은
비본질적·비장소적인 것이 되어 버렸다. 현실적으로 사실을 그
자체로 보는 것을 배우기에는, 기왕에 범주로 불리던 중요한 규
정이 탈락되었다. 우리는 항상 다르게 본다. 그러나 도대체 보
는 것인가? 우리는 언제나 사실을 다르게 관찰한다. 그럴 경우
도대체 무엇을 보는 것인가? 우리는 어디엔가 서 있지만 그 지
반은 계속 옮겨진다. 길 위에, 집 안에, 도시에, 땅 위에 있으
면서도 사실은 그곳에 있지 않다. 많은 길, 해변, 도시, 아니
전지구가, 어떠한 장소도 더 이상 특수한 장소 규정을 가진, 그
자체로 유형적 장소로 나타나지 않도록 뒤바뀌어져 있다. 모든
것이 똑같다. 거리, 가옥, 도시, 알프스의 풍경 사이의 차이는
없다. 도처에 가작성이 지배한다. 가작성은 동일한 형태를 띤
운동을 얼핏 보기에 상이한 장소로 옮겨 놓는다. 거리로 된 길
(Weg, der zur Straße wird)은 처음에는 바르게 파악될 수 있지만,
그것은 자동차 길이지 보도(Gehweg)가 아니다. 모든 것이 자동
차 위주로 구축되며, 길, 도시, 지구 전체가 또한 그렇다는 사

실만이 중요한 것은 아니다. 이는 부수적 문제에 불과하다. 도처에서 진행되는 생각해 봄직한 과정은 모든 것이 동형적으로 된다. 동형성(Gleichförmigkeit)이란 일종의 유토피아가 확장된 모습이다. 가작성이란 동일하게 만듦이기도 하다. 재화의 민주화는 이처럼 전기 청소기로부터 개인용 비행기에 이르기까지 모든 것에 분배되어 있는 재화의 훨씬 이전에 시작된다. 이 후자는 사실 일반적 의미에서의 유토피아이다. 지금 언급한 의미에서의 유토피아는 길이나 해변과 같은 구체적 장소가 동일한 형태로 만들어진다는 점에서 성립한다. 자유주의가 개인과 개인의 생활 양식을 강조하면서 동시에 동일하게 만듦이라는 가작성에 있어서 존재한다는 것은 주목할 만한 일이다.

유토피아의 문제는 다음과 같이 계속 제기된다. 개인적 재화와 집단적 재화는 구별되므로 길, 해변, 물, 공기, 자유 공간과 광장 및 도시의 자동차 금지 구역 등은 모두 집단적 재화에 속한다. 개인적 재화로 여겨지는 자동차는 사실상 거리, 도로와 같은 집단적 재화를 필요로 한다. 이로써 집단적 재화와 개인적 재화의 구별이 의문시된다. 거리는 공공의 관심 사항인데, 공익은 개인의 관심에 우선한다. 그렇다고 하더라도 거리, 해안 등을 집단적 재화로 평가하는 것은 옳은 일인가?

자동차 도로, 도시의 도로 등은 보통 개인 복리보다는 차원이 높은 공공 이익, 공공 복리를 지향한다. 물론 도로는 보편성에 종사하면서 모든 이에게 이익을 주지만 그 방식은 각기 상이하다. 도로란 소방차, 구급차, 경찰, 재화의 수송 및 직업, 사업상의 교통 등의 수단이다. 그러나 벌써 개인 교통이 함께 포함되므로 어떤 도시에서는 대중 교통 수단을 더 많이 건설할 것이냐 아니면 개인 교통 도로를 더 많이 증설할 것이냐의 논쟁이 일어나기도 한다. 도로와 같은 집단적 재화가 실은 개인에게 세금을 요구할 수 있기 때문에 이 문제는 그리 쉽게 결정될 수 없다. 강제로 대중 교통 수단을 이용하도록 강요하기 위하여 개인을 위한 도로 건설을 억제해야 한다고 말하기는 매우 어렵다. 결국 도로 건설의 하나의 가능성은 우선시되고, 다른 가능성은 억제되어야 하는가의 문제는 더 이상 중요하지 않다.

　개인적 재화와 공공 재화의 차이점은, 비록 오늘날 다소 논의되고는 있지만 이미 오래 전에 시들해져 버렸다. 그 이유는 많은 시설들, 건축, 도로 등이 언제나 공공 이익에 의하여 합법화된다는 사실 때문이지만, 이 합법성의 근거는 취약하다. 그럼에도 불구하고 이 논의 및 합법성은 단지 정치적 속임수가 아니라 오늘날의 정치적 유토피아, 말하자면 정치의 부재라는 근본적 문제로 드러난다. 공공 복리란 이미 개인적 관심을 반영하며, 그 반대의 경우도 마찬가지이다. 여기에는 재화 관계가 뒤섞여 있으며, 따라서 최고의 가변성을 띤다. 공공의 관심에 의하여 시행되는 도로의 구축은 이러한 관점에서 볼 때 일종의 개인 교통을 위한 재화이므로 또한 개인의 재화이기도 하다.

　몇 가지 문제를 더 다루어 보자. 어떤 해안이 호텔이나 공원, 즉 공공 재화에 의하여 시멘트 블럭화되었다면 해안, 물, 공기 등 대체로 자유로운 공간은 규정된 공간으로 변화된다. 자유, 개방성 등이 사라지고 규정된 것이 고착되어 들어선다. 시멘트 블럭화된 해안, 자동차 도로로 파괴된 길, 풍경 등은 이전의 순

수한 해안 및 풍경으로 도저히 되돌릴 수가 없다. 가작성에 걸려
들어 경치와 같은 개방된 사물이 규정된 사물로 변화되는 것이
다. 이는 분명히 가작성의 한계점에 대한 주목할 만한 사실이
다. 이리저리 만들어진 어떤 것이 그 이전의 것으로 완전히 되돌
려질 수는 없을 것이다. 가작성이란 그 가운데 항상 새로운 가능
성이 배태되어 있다고 하더라도 가역적이지는 않다. 자동차 도
로나 호텔이 들어선 해안과 같은 시멘트 투성이의 풍경은 오히려
비행기의 경로는 될 수 있을 것이다. 기술은 기껏해야 기술적으
로 압도된 경치 안에서 보다 기술적인 물건을 만들 수 있을 뿐이
다. 기술의 후퇴란 이미 불가능하다.

　따라서 가작성은 자체 내에 중요한 한계를 내포하지 않는가라
는 의문이 제기된다. 보다 포괄적·기술적으로 구축하면 할수록
—예를 들어 가장 새로운 기술, 원자 기술, 유전 공학처럼—그
변경 가능성은 점점 작아진다. 유전 공학에 의하여 변경된 인간
은 결코 그 이전의 인간으로 돌이킬 수는 없다. 한번 일어난 일
은 절대로 돌이킬 수 없다. 이로써 가작성은 의문에 봉착한다.
원래 가작성은 변경 가능성을 포함하기 때문이다. 무엇이 다르
게 만들어질 수 없다면, 가작성이란 무엇이란 말인가. 가작성에
는 다른 가작성이 포함된다. 이에는 계속적인 가능성, 대안이
속하며, 오늘날 바로 이것이 문제로 제기된다. 그러므로 다른
기술, 다른 삶의 형식을 의미하는 기술에 대한 문제, 삶의 형식
에 대한 문제 등이 제기된다.

　어떤 고속 도로, 해안의 설치 구조물, 자동차 공장 또는 유전
공학으로 이리저리 규정된 인간이 최고의 가작성이면서 동시에

그 한계점을 인식하게 한다면, 가작성의 원리는 더욱 의문스러
운 것이 될 것이다. 가작성은 고갈된다. 여러 가능성과 유토피
아를 함께 만들어 내는 가작성이란 자기 자신의 종말, 그 어디에
도 없음, 그 없음을 자기 안에 간직하고 있기도 한 셈이다. 유토
피아의 가작성이란 가작성의 유토피아에서 종식된다. 이러한 연
관에서의 변증법적 논의 방식은, 이미 앞에서 유토피아라는 말
이 충분히 설명되지 못하였듯이 오해를 자아낼 수도 있다. 그러
므로 무(無)나 허무주의라는 말 대신에 의도적으로 광의 혹은 일
반적 의미로 허용되어 사용되는 유토피아라는 말을 통하여 가작
성의 문제를 열어 두기로 한다. 물론 매우 단순하면서도 긴급한
원자력 발전소와 같은 실례의 관점에서 가작성의 이 거대한 징후
로부터 동시에 가작성의 무실성(無實性, Nichtigkeit)과 자기 부정
이 본질적 징표라고 말할 수도 있을 것이다. 아마 여기서는 가작
성의 징표에서 대체로 알려지는 것과는 다른 징표를 엿볼 수 있
을 것이다. 이는 당혹스러우면서도 어중간한 징표(Zwischenzei-
chen)이다. 바로 이러한 정황을 공식화하기 위하여 앞에서 유토
피아라는 표현을 사용하였다. 고속 도로, 공항, 원자력 발전소
등은 기술 시대에 있어서는 단적으로 구체적인 것 또는 기술이
나타나는 장소이기도 하다. 그러나 동시에 모든 기술을 외면하
는, 추상적인 것기기도 하다. 만들어진 작품이면서 동시에 이
작품의 파괴인가 하면, 발출하면서도 동시에 고갈시키는 가작성
(die strahlende zugleich eine versiegende Machbarkeit)이기도 하다. 기
술이 나타나는 장소이면서도 아무런 장소도 아닌가 하면, 위상
을 가지면서도 동시에 아무런 위상도 차지하지 않는다. 그러므

로 그것은 유토피아이다.

이는 모든 것을 모든 사람에게 분배한다는 의미의 재화의 민주화에 대하여, 민주화는 실제로 인간이 도달할 수 있는 미래를 약속하는 것이 아니라, 이미 이 유토피아에 도달해 있음을 의미한다. 모든 사람은 이미 많든 적든간에 원하는 방식으로 또는 유토피아를 발견하는 방식으로 그것을 성취한다. 재화의 민주화는 이미 오래 전에 시작되었으므로, 이미 많은 곳이 무소성(無所性, Ortslosigkeit) 혹은 살 수 없음(Unbewohnbarkeit)이라는 의미에서 어느 곳에도 존재하지 않는 곳이 되어 버렸다.* 유토피아는 어떤 다른 모습을 보여주며, 아마도 바로 그렇기 때문에 그 참된 모습일 수도 있다. 유토피아라는 행운은 이미 위급한 처지에 놓이게 되었다.[11]

---

* 지은이의 논리 전개에 의하면, 재화의 민주화가 진전되면 될수록, 또한 가작성이 완벽하게 지배하면 할수록 세계에는 공허한 의미의 유토피아를 나타내는 동형성(同形性)이 그만큼 완벽하게 자리잡게 된다. 이러한 세계는 인격적 개별성을 가진 인간이 살 수 없는 황폐한 곳이다. 모든 것은 보다 빨리, 정확하게, 안락하게, 유용하게 진행된다. 그러나 인간은 질식할 수밖에 없다. 왜냐하면 그만큼 인간의 창의성과 개성을 위한 여지가 없어지기 때문이다―옮긴이 주.

11) 블로흐(E. Bloch)로부터 *Le società del futuro*(미래의 사회), *Saggio utopico sulle società postindustriali*(후기 산업 사회의 유토피아에 관하여)(Bari, 1978)라는 포괄적인 기획을 제시하고 그 이래로 계획단(Projektgruppe)을 조직한 콜롬보(A. Colombo)에 이르기까지의 적극적인 유토피아의 이해가 제시될 수 있다.

4 삶의 형식에 대한 물음

1. 네 가지 삶의 형식에 관한 고전적 학설

삶의 형식에 대한 물음에 체계적으로 답하려는 시도는 고전 철학에서 처음으로 시도되었다. 플라톤은 욕망적 삶, 이익적 삶, 정치적 삶, 관조적 삶이라는 네 가지 삶의 형식을 제시한다.[1]

---

1) Platon, *Politeia*, IX, 580 e 이하 참조; 이에 덧붙여 Ph. Merlan, "Zum Problem der drei Lebensarten", in *Philosophisches Jahrbuch*, 74 (1966), 217면 이하 참조. 여기서는 플라톤과 아리스토텔레스 이외의 원천도 제시된다. 멜란은 그의 논문에서 이렇게 시작한다. "아리스토텔레스는 행복을 추구함에 있어서의 세 가지 삶의 양식 즉 정관적(관조적·명상적·철학적) 삶의 양식, 능동적(정치적·명예 추구적, 효용을 염두에 두는) 삶의 양식, 향유를 염두에 두는(향유적) 삶의 양식을 서술한 후, 일종의 후기(Nachtrag) 또는 주해에서 이익을 염두에 두는, 돈만 아는 인간의 삶을 언급한다." 그는 계속해서 다음과 같이 정리한다.

욕망은 쾌락으로써 해소되고, 이익은 획득을 노리며, 정치적 삶은 승인(Anerkennen)을 추구하는가 하면, 관조적 삶은 지혜에 도달하기 위하여 사색에 잠긴다. 이는 모두 인간이 그것을 위하여 노력하고, 인간을 일정한 유형으로 나누는 대표적인 주요 목표이다. 전체 고전 철학과 정치학이 이렇게 분류하고 있기는 하지만, 인간을 실제로 이렇게 볼 수 있으며 또한 분류할 수 있는가 하는 것은 우선 고찰되어야 할 것이다. 플라톤의 《폴리테이아》는 이 분류를 다룬다. 도시의 규범은 내 자신 안의 규약(politeia en auto)에 해당된다. 예를 들어 민주주의에 있어서 모든 사람은 가능한 한 부자가 되기를 원한다. 여기서 말하는 폴리테이아는

"플라톤	헤라클리데스	아리스토텔레스
명상적 삶	명상적 삶	명상적 삶
활동적 삶	활동적 삶	활동적 삶
향유와 돈을 버는 삶	돈을 버는 삶	향유적 삶

　　여기서 플라톤의 구분이 가장 인위적임이 두드러진다. 플라톤은 강제로 향유적 삶과 이익적 삶을 **하나의** 범주로 합치면서, 이것을 사람들이 돈을 버는 이유는 향유를 위한 것이라는 가정으로 정당화시킨다. 플라톤은 이처럼 4분법(명상, 능동, 향유, 취득)에서 출발하여 강제로 자기의 영혼 3분법에 짜맞추지 않았나 하는 인상을 짙게 풍긴다." 이를 인용하는 것은 다만 오늘에 이르기까지 구분의 어려움을 안고 있는 연구의 상황을 소개하는 데 있을 뿐, 지금 이 문제가 그다지 중요한 것은 아니다. 나는 오늘날의 삶의 형식에 대한 물음을 제기하기 위하여 먼저 고전적 학설에서 출발한다.

영혼 부분의 발전을 지향하는 욕망적 삶, 이익적 삶에 해당한
다. 플라톤은 영혼의 부분들, 인간의 기본 태도인 덕, 정치적
규범이 서로 상응하는 하나의 체계적 조직체[2]를 고찰한다. 이러
한 정치학, 정치론에 대한 물음에서 삶의 형식에 대한 물음이 중
심적으로 다루어지고 있음은 특기할 만한 일이다.

(1) 삶의 형식과 실천

특히 아리스토텔레스는 이 문제를 중심적으로 제시하여 밝힌
다. 그의 실천 철학의 제1부에 해당되는 《니코마코스 윤리학》[3]
제1권에서 그는 다양한 삶의 형식에 관한 주제를 파악하여 "삶
의 형식은 실천이다"(bios ist praxis)라는 결정적 정의를 내린다.
bios는 삶의 형식으로 번역되며 praxis(프락시스)는 보통 원어 그
대로 둔다. 삶은 곧 실천을 의미한다. Praxis는 우선 자기 수행
(修行, Selbstvollzug)으로 번역할 것이다. 삶이 실천, 자기 수행
이라면 이것은 어떤 형식을 띠게 될 것이다.

삶의 형식에 있어서는 실천, 자기 수행이 중요하다. 이는 행
위하는 인간이 모든 활동에 있어서 자기 자신에 머물러 있어야만
하고, 또 그렇게 되려고 함을 의미한다. 이는 자기 자신을 위하
여 일어나는, 혹은 달리 표현하면 목표를 자기 안에 가지는 행위
이다. [4] 사유를 위한 사유, 지식을 위한 지식이 곧 실천이다.

---

2) Platon, *Politeia*, IV, VIII, IX 참조.

3) Aristoteles, *Nikomachische Ethik*, I, 3 참조.

4) 같은 책, I, 1 참조.

삶은 곧 실천이다(Bios ist gleich praxis)라는 명제는 삶은 곧 제작
이 아니다(bios ist nicht gleich poiesis)[5]라는 명제와 연관된다. 고
전적 실천 철학은 실천과 제작의 이 중요한 차이점에 착안한다.
특히 아리스토텔레스는 이 문제에 공헌한다. 윤리학의 제1명
제[6]에서 그는 이 중요한 방법적 차이점을 제시하기 위하여 여러
가지 활동을 제시하는데, 그 중에서 작품(ergon)으로 인하여 수
행되는 것이 기술(techne)이다. 기술은 (자기의 밖에 있는) 작품
안에 그 목표를 가지므로 언제나 활동의 밖에 머무는 반면, 실천
이란 늘 자기 안에 목적을 부담해야만 하는 행위이다.

이는 분명히 실천에 대한 결정적 규준이다. 여기서 활동의 목
적은 자기의 행위 가운데 있다. 이로써 실천이란 무엇이며 어떤
활동이 실천으로 특징지어질 수 있는지가 매우 분명해진다. 이
렇게 보면 사유란 실천의 탁월한 실례이며 그 형식이다. 대체 어
떤 다른 활동이 내면적 목적을 지향하도록 규정된 사유와 비교될
수 있을 것인가? 보행을 위한 보행, 음악을 위한 피리 연주와
같은 여러 가지 실례를 들 수 있을 것이다. 이 모든 활동은 목적
표상의 관점에만 머문다. 이때 나타나는 어려움은 행위 자체에
있어서 언제나 결부되어 나타나는 부수적 목적에 대립하여 그 활
동을 제한하는 일이다. 어디엔가 도달하기 위하여, 또는 산보를
통하여 건강을 유지하기 위하여 걷는다. 음악에 있어서는 그 분
야에서 능력 있는 전문가가 되기 위하여 연주를 개선하려 할 것

---

5) Aristoteles, *Politik*, I, 4, 1254 a 5 이하와 Aristoteles, *Nikomachische Ethik*, VI, 5, 1140 b 6 참조.

6) 같은 책, I, 1 참조.

이다. 이러한 실례는 자기 안에만 전적으로 의존하는 실천적 목
적을 초월하는 것인가? 적어도 근세의 베이컨[7] 이래 지식은 언
제나 힘을 의미한다는 사실을 확신한다 하더라도, 지식을 위한
지식을 추구한다는 사실을 정말로 받아들일 수 있겠는가?

　테오리아(Theoria), 즉 단순히 관조함(das bloße Hinschauen)은
삶의 형식을 획득하기 위하여 실천으로서 경험되는 사유에 대한
공식이다. 인간은 관조하면서 이 관조에 스스로 관계한다. 이것
이 그가 스스로 행사하고, 스스로 익숙해져야만 하는(ethos) 그
의 본질적 머무름(äthos)이라면, 이것이야말로 일종의 윤리적 실
천이다. 이때의 실천이란 철학자들이 현실적으로 살았던 도시
국가에 머무르는 것이다. 그들은 실제로 여기서 상이한 단계의
노동 및 정치적 삶으로부터 해방되어 살 수 있었다. *

(2) 테오리아와 존재—포이에시스와 존재자

　관조는 존재를 지향한다.[8] 이는 고전 철학의 중심적 명제요

---

7) F. Bacon, *Novum Organum*, 제1권, 3절 참조.

* 원서 129면 마지막 줄의 "die Theorie"는 문장 성분상 아무 역
　할도 없이 단순히 실수로 삽입된 단어인 듯이 보인다—옮긴이
　주.

8) Aristoteles, *Metaphysik*, XII, 1, 1069 a. 아리스토텔레스의 실천 철
　학에 관해서는 G. Bien, *Die Grundlegung der politischen Philosophie
　bei Aristoteles* (Freiburg/München, ³1985)와 이 가운데 포함된 아
　리스토텔레스의 《니코마코스 윤리학》에 대한 서론(Einleitung)
　및 같은 저자, *Politik* (Philosophische Bibliothek Meiner 출판사 발

원칙이다. 테오리아를 실천으로 파악할 때, 이 점에 유의해야
한다. 관조는 존재를 지향함으로써 곧 최고도의 실천이기 때문
이다. [9] 이와는 반대로 포이에시스(제작)는 아무런 등급도 포함
하지 않는 실천이다. 이때의 규준은 목표 문제에 있다. 실천
(Praxis)은 자신의 안에 목표를 가지는데, 제작(Poiesis)은 자신의
밖에 목표를 가진다. 그러면서도 양자는 다같이 존재에 관계한
다. 포이에시스도 그 나름대로 존재를 지향한다. 아무도 한 개
의 조각이나 집이 존재자가 아니라고 주장하려 하지는 않을 것이
다. 실천에 있어서 인간은 자기 자신에 있어서의 존재(ein
Bei-sich-selbst-sein)이며 기술과 기술의 작품에 있어서 자기-외-존
재 또는 자기 자신으로 되돌아옴(ein Zu-sich-selbst-kommen)인가?
실천-존재(Praxis-Sein)와 작품-존재 및 제작-존재(Werk-bzw.
Herstellungs-Sein) 사이의 연관성은 무엇인가?

고전 철학에서는 이에 대한 분명한 구별이 있었다. 심지어 존
재 및 존재자에 대한 물음 및 이것과 연관지어 인간의 삶의 형식
에 대한 물음이 결정지어져 있었는데, 이에 따르면 삶이란 실천

행판, Hamburg)을 참조. 또한 일반적인 역사적 개관을 위해서
는 N. Lobkowicz, *Theory and Practise. History of a Concept from Aris-
totle to Marx* (London: Notre Dame, 1967) 참조. 특히 오늘날의
관점에서는 A. Halder, "Aktion und Kontemplation", in *Christlicher
Glaube in moderner Gesellschaft*, hrsg. F. Böckle F.-X. Kaufmann, K.
Rahner, B. Welte, 제8권 (Freiburg, Basel, Wien, 1980), 71~89면
참조.

9) Aristoteles, *Politik*, VII, 3, 1325 b 19 이하 참조.

이지 제작이 아니라는 것이다. 그리스와 로마와 같은 고전 문화에 있어서는 최소한 예술에 있어서의 제작은 참으로 존재자라고 할 수 있는 것에 의해서 달성되었다. 조각, 도시, 전체의 도시 시설은 비록 몰락한다 하더라도 전적으로 몰락하지는 않으며 항상 아직 전적으로 꺼지지 않은 광휘로 번쩍이는 그 무엇을 제작해 내는 인간의 행위를 보여주며, 고전 철학은 이것을 존재자라고 불렀다.

예술, 아름다운 물건, 사찰, 조각 등도 일종의 삶의 형식인가? 내가 아직 어디엔가 현존하고 있는, 매우 우수한 고대와 함께 살기를 권유하기 위하여 현대를 추방한다고 생각한다면 이것은 오해이다. 결코 회고나 재발견이 중요한 것이 아니라, 일정한 역사적 기점에 있어서 삶의 형식에 대한 물음을 제기하여 삶의 형식들을 서로 구별하며, 유형짓고 체계화하는 일련의 문제가 중요한 것이다. 따라서 관조, 프락시스 그리고 존재와 존재자의 연관에 대한 물음이 결정적으로 중요하다.

최고도의 실천으로서의 테오리아는 존재를 지향하고, 아무런 등급도 없는 실천으로서의 포이에시스는 존재자를 제작한다. 아리스토텔레스는 이어서 매우 중요한 문제들을 공식화한다. 비오스(bios, 삶)는 실천을 의미하고, 인간은 이 실천의 원천(arche)이다. [10] 인간은 또한 포이에시스의 원천이기도 하다. 그러나 기술(techne)에 있어서는 동시에 진리가 문제시된다. 기술이란 알레테우에인(aletheuein) [11]이다. 이 말은 옮기기가 매우 곤란한데,

---

10) Aristoteles, *Nikomachische Ethik*, VI, 2, 1139b 5 이하 참조.

그 이유는 (독일어에서) 'wahrheiten'이라는 동사가 결코 성립하지 않기 때문이다. 물론 그 원천적 의미를 고려하여 aletheuein을 계시하다(Offenbaren)로 옮길 수 있을지도 모른다. 그런데 계시란 곧 산출(Hervorbringen)이다. 작품으로부터 진리가 발출되어 나온다(käme ~ hervor).

인간은 이 작품에 있어서 진리의 산출에 어느 정도로 관여하는가? 그는 원질(원천)이다. 아리스토텔레스는 표준이 될 만한 다른 곳에서[12] 아이티아(aitia)에 관하여 언급한다. 아르케는 근거로, 아이티아는 원인(Ursache)으로 옮겨지지만, 일상이나 철학적 언어 용법에 있어서는 이 둘이 뒤섞여 옮겨지는 형편이다. 인간이란 작용인(作用人, causa efficiens)이라는 의미에서 아이티아이다. 그러나 인간이 아르케로 언표됨으로써 결정적인 중요성을 갖게 된다. 아르케란 알다시피 근거 혹은 지배(Herrschaft)를 의미한다. 이 후자의 의미는, 현실적으로 밑받침하는 하나의 근거가 어떤 사실을 철두 철미하게 관통하면서 지배하는 한에서 전자의 의미와 연관을 맺으면서 공통된 의미를 부여해 준다. 아르케의 다른 번역은 "지배"의 의미와 함께 생각할 수 있는 원천이다. 어떤 작품은 인간, 즉 손이나 두뇌의 활동에 상응하므로, 예를 들어 책상은 이 활동에 의하여 제작된다.

여기에 고전 철학이 이데아로 부른 것과의 연관성이 있다. 이데아란 존재자의 존재(das Sein des Seienden)에 대한 플라톤의 용

---

11) 같은 책, VI, 4 참조.
12) Aristoteles, *Metaphysik*, II, 2;V, 1, 2도 참조.

어이다. 책상을 만드는 사람은 책상과 더불어 책상의 이념 역시 산출한다. 달리 표현하면 그는 책상의 이념에 의하여 비로소 책상을 산출할 수 있다. 책상은 이념에 힘입어 존재하는데, 이념은 인간의 사유에 의하여 파악되고 눈이라는 감각 기관에 의하여 보이며, 그런 식으로 작품 즉 책상으로 이 세상에 출현한다. 포이에시스(제작)란 일종의 제작해 냄(Herausstellen)이며, 이것에 의하여 어떤 사태 자체가 나타나서(idee) 그 자체로 존재한다 (on, 존재자). 어떤 것은 제작되기 때문에 존재한다. 그리스 철학에 있어서 포이우메나(poiumena)란 사물들이 제작되기 때문에 존재함을 뜻한다. 포이우메나는 제작에 의한, 제작자로서의 인간에 의한 존재자이다.

인간은 작품이라는 존재자의 근거 및 원천이다. 어떤 작품은 인간에게 종속되므로, 인간과 작품은 연관을 맺는다. 이념이 한 개의 책상, 집으로 제작되어 나온다. 이때 인간이란 그리스 철학이 이미 오래 전에 이념이라고 부른 것의 중재자, 즉 모비멘토 (movimento)에 지나지 않는다. 이러한 사실은 실제로 아낙사고라스의 모든 명제에서 확인된다. 누스(nous, 이성, 정신)는 모든 것의 원천이다. [13] 이는 누스가 밖으로부터(thyrathen) 옴, 내치는 것을 의미한다. [14] 여기에 인간과 이성간의 관계의 성격이 나타난다. 인간은 플라톤에 의해 분석되어 메텍시스(methexis)로 개념화된 분유-관계(分有-關係, Teilhabe-Verhältnis)에 처해 있다.

---

13) Anaxagoras, Fragment 12 참조.
14) Aristoteles, *Über die Seele*, I, 404 a 17 참조.

인간은 창조하지만 본질적으로는 진리를 일으킨다(geschieht).
아리스토텔레스는 기술의 아르케(원천)로서의 인간과 진리의 아
르케로서의 인간의 관계를 진리가 일어나는 상이한 방식의 연관
성에 있어서 고찰한다. 거기서[15] 그는 진리에의 길로서 과학,
기술, 프로네시스(phronesis, 실천적 이성), 누스(이성, 정신),
소피아(지혜, sophia) 등 다섯 가지 방식을 제시한다. 이들의 복
잡한 연관성을 설명할 필요는 없을 것이고, 다만 이 연관성이야
말로 가장 밀착된 형식으로 그리스 철학의 가장 심오한 사상을
천명하며, 이는 다시금 윤리학의 한 장과 프로네시스에 관한 절
에 나타난다고 부언하는 데서 그친다.

테크네(기술)에 관한 절에서[16] 아리스토텔레스는 테크네가 사
물 자체와 관계하며, 어떤 것을 산출하여 이 세상에 건립함을 강
조한다. 그래서 어떤 것이 나타나는데, 이는 사용될 수도 있고
그렇지 않을 수도 있다. 여기서는 사물의 본래적 서열이 강조된
다. 테크네란 사실 자체 또는 그리스인들이 존재자라고 부른 것
과의 연관성이자 그에 대한 통찰이다. 테크네는 인간의 도움에
의하여 어떤 것이 나타나서 존재하는 특이한 하나의 방식이다.
기술이 갖는 중요한 사건은, 바로 그것이 존재자를 산출한다는
점이다.

테오리아는 존재를, 포이에시스 및 테크네는 존재자를 지향한
다. 존재와 존재자는 나타나고 계시된다. 이로써 존재와 존재자

---

15) Aristoteles, *Nikomachische Ethik*, VI, 3 참조.
16) 같은 책, VI, 4 참조.

는 진리의 과정을 표현하는 말이 된다. 진리는 그때마다의 사건
이며, 곧 존재의 진리인 동시에 존재자의 진리이다. 테오리아와
포이에시스 및 테크네의 구별에 있어서 존재와 존재자가 철학적
으로 왜 구별되는가가 분명해진다. 포이에시스는 존재자를 위한
행위인 반면, 테오리아는 전적으로 행위 그 자체에 의거하여 존
재하는 행위이다. 하나의 행위에 있어서 존재가 실제로 무엇을
의미하는가 하는 것이 나타난다. 사태 자체를 충실하게 나타내
기 위하여, 우리는 테오리아란 존재하기 위한(um zu sein) 활동이
라고 표현할 수 있다. 여기에는 "존재"(Sein)나 "존재함"(zu sein)
이라는 표현을 다같이 사용할 수 있을 것이다. 테오리아에서 존
재를 경험한다. 이렇게 존재하기 위하여 테오리아는 일어난다.
그 밖의 어떠한 다른 활동에서도 무엇이 존재한다, 혹은 우리가
존재한다는 사실이 의미하는 바를 그 이상 경험할 수는 없다. 여
기서 우리는 우리가 행사하는 활동 및 우리 자신과 세계의 통일
을 감지한다.

　인간, 행위, 세계라는 세 가지로 구성되는 이러한 관계를 분
석적으로 그 개별적 특징에 이르기까지 분명히 개념화시키는 것
은 매우 어려운 일이다. 특히 세계라는 개념은 불분명할 뿐만 아
니라 개념화되기에 부적합하기 때문에 파악이 매우 곤란하다.
그리스의 세계 개념인 코스모스를 생각해 보자. 비오스 테오레티
코스(bios theoretikos), 즉 관조하는 삶에 있어서 우주(코스모스)
와 관련을 맺는 어떤 것이 발생한다. 아니 이것을 우주적 삶
(kosmisches Leben)이라고까지 말할 수 있다. 이는 우주 안에서
나타나는 삶이다.

2. 존재와 폭력

(1) 이익적 삶

아리스토텔레스는 자신의 《윤리학》 서두에서 목표 문제의 관점에서 본 기술과 실천의 차이를 확정짓는데, 이는 실천 형식의 문제를 다룸에 있어서 정치적 삶과 관조적 삶의 목표 문제에 머무르기 위한 것이 아니라, 특히 이익과 소유를 추구하는 삶을 파악하고 이 삶을 비자연적인 것으로, 폭력적인 것 (biaios)[17]으로 각인하기 위한 것이다. 그는 폭력(bia)이라는 뜻이 함께 포함된 비아이오스(Biaios)로써 이익을 추구하는 삶을 특징짓는다.

그는 이 말 대신에 상인적인 삶을 언급하는데, 상인은 철학자와 비교해서 이익의 추구에만 특히 관심을 쏟는 인간 유형이기 때문이다. 이 문제는 직업의 상태에만 한정되는 것이 아니라, 어떤 직업에 있어서는 인간에 있어서 도처에 나타나는 어떤 것만이 밝혀지고 인식된다. 이것이 곧 폭력적 삶이다. 나는 비아이오스의 번역인 '폭력적인'(gewaltsam)의 이 정의를, 특히 이익을 추구하는 삶에 있어서의 폭력적 삶과 관조적 삶에 있어서 도달할 수 있는 비폭력적 삶을 명료하게 구별하기 위하여 받아들인다. 테오리아는 모든 사물과 조심스럽게 (achtsam und bewahrend) 교제

---

17) 같은 책, I, 3; *Politik*, I, 9(돈버는 기술에 관하여) (돈 경제학)와 10(자연적 취득술과 비자연적 취득술)을 비교하시오.

하므로 곧 사물을 존중함(ein Achten)이다.

　이미 위에서 인간은 테오리아에서 존재를 경험할 수 있음을 언급하였다. 테오리아는 또한 사물들을 존중하여 그 자체로 존재하도록 한다. 테오리아는 놓아 둠(Seinlassen)이다.* 그러면 놓아 둠이 존재에 관한 최고의 경험인가? 하이데거의 후기 철학[18]은 이 존재 경험이 시종일관 문제시됨을 보여준다.

---

*　나는 "Seinlassen"을 "방하"(方下), "내맡김"에 대립하여 "놓아 둠"이라고 옮긴다. 여기서 "놓아" 두는 행위는 이 행위의 주체가 취하는 능동과 수동의 이쪽(diesseits)에 있는 중립적(존재학적) 태도라고 볼 수 있다. "내맡김"에서는 너무 수동성이 강조되어 있는 듯하다. 물론 "놓아 둠"의 경우에도 "~lassen"만이 강조되고 "Sein~"이 고려되어 있지 않다고 비판할 수 있을 것이다. 그러나 "있음~"의 측면은 이미 "놓아 두는" 행위에 전제되어 있다. 또한 동사형인 "놓아 두다"에서 보듯이 우리말의 자연스러움을 그대로 간직하는 장점이 있다―옮긴이 주.

18) M. Heidegger, *Zur Sache des Denkens*, 1면 이하, 특히 40면. 나는 매우 복잡한 구조를 철저히 사유하고자 시도하는 하이데거를 다만 한 관점에서만 여기에 연결시킨다. "놓아 두다"(seinlassen)라는 용어는 다음에 나오는 텍스트에서부터 존재 경험(Seinserfahrung)이라는 의미로 사용하게 되는데, 우리는 존재 경험에서 우리 자신과 사물을 그대로 놓아 둔다. "놓아 두다"라는 말은 일상적 의미에서 어떤 것을 놓아 두다, 어떤 것에 행위를 가하지 않고 자기 스스로에 의지하도록 그대로 두다로 이해한다 (Brockhaus-Wahrig, *Deutsches Wörterbuch*(Wiesbaden/Stuttgart, 1983), 제5권, 719면 참조). "놓아 두다"라는 용어는 이 책의 이 장 "3절 (4) 무위에서"에 이르기까지 영향을 미친다.

테오리아는 존재를 지향한다라는 원칙을 내세우고 있는 그리스 철학에서 놓아 둠이라는 테오리아의 이해가 완전히 제시된다. 테오리아는 존재한다. 테오리아 가운데 사는 사람도 존재한다. 그는 삶을 수행(修行)하고 또 수행한다.* 그는 관조하고 무엇인가를 가지면서 동시에 스스로 연관적 행위의 통일 가운데 존재한다. 이익을 추구하는 상인적 삶이 취하는 활동은 그렇지 못하다. 이러한 삶은 관조에서 나타나는 것처럼 조용하지 않고 전적으로 과도적이다. 그러므로 이익을 얻으려는 노력이 끊임없이 계속된다. 소유는 소유의 허기를 잠재우기에 언제나 충분하지 않다. 그 무엇도 그냥 있도록 놓아 두지 않는다. 목적을 자기 안에 포함하는 테오리아에 있어서는 아무것도 정도가 지나치게 할 필요가 없고, 언제나 자기 자신과 사실에 조용히 머무르면 된다. 그것은 언제나 충분하다.

테오리아는 안주(安住)하게끔 한다. 이는 도달(Ankunft)에 대한 경험이다. 이와는 반대로 다른 시간 개념은 분명히 소유욕(Besitzwillen)을 나타내므로, 도달이 아닌 미래를 말한다. 이러한 식으로 서술이 계속 가능하다. 인간은 테오리아에 있어서 자기 자신, 사유, 실천에 종사하며, 이때 결국은 존재가 문제시되고, 이 문제는 활동에서 비로소 충족될 수 있음을 깨닫게 된다. 이러한 의미에서 존재는 충족된 업무(die erfüllte Beschäftigung)를 특

---

* 동양의 유가 사상에서도 인격을 닦는 행위를 수양(修養), 수행, 수도(修道), 수신(修身)이라 하였다. 이렇게 하여 성공적으로 자신의 인격을 완성한 사람을 군자(君子) 혹은 성인(聖人)이라 하였다—옮긴이 주.

징짓는 용어이다. 이익을 얻으려는 노력과 소유하려는 욕망에서
인간은 무엇에 종사하는 것인가? 실제로 아무것에도 종사하지
않는다고 할 수 있다. 바로 이 점에서 모든 사물을 전혀 그 자체
로 존중하지 않을 뿐만 아니라, 그 무엇도 그대로 놓아 두지 않
으므로 실제로 아무것도 원하지 않는, 소유욕이 가지는 폭력성
이 존재한다. 이러한 행위는 순수한 허무주의 바로 그것일 수밖
에 없다. 그런 사람은 실제로는 아무것에도 종사하지 않는다.

비오스 혹은 프락시스와 더-많이-가지려 함(Mehr-haben-wol-
len) 혹은 비아이오스와의 차이에서 우리는 전체적으로 무엇을
경험하는가? 이는 매우 간단하게 위에서 부사와 술어로 분열된
관점의 충족을 훼손시키지 않고 종합할 수 있다. 실천은 만족을
주고 또 그렇게 삶의 형식을 부여해 주는 반면, 더-많이-가지려
함은 언제나 불만만을 조장할 뿐이다. 이처럼 삶의 형식과 비형
식(Lebensform und Lebensunform)을 구별함으로써 인간의 태도와
정치를 위한 일정한 처방이 주어질 수도 있으며, 또한 이 양자에
서 삶에 대한 첨예화되고 과장된 관점을 볼 수 있을 것이다. 그
러나 삶은 일반적으로 결코 이렇게 나타나지는 않는다. 사실상
비오스 테오레티코스(관조적 삶)의 현실이란 인간에게는 의심스
러운 것으로서 거의 초인적·하느님적인 활동, 최고의 존재인
하느님에게 주어질 수 있는 최고도의 실천이다. 아리스토텔레스
는 비오스 테오레티코스의 우월성으로 정점을 이루는 그의 윤리
학의 마지막 권에서 이에 관하여 상술한다. 그는 정치학의 종결
부분인 최고의 도시 국가에 대한 물음에서 관조가 최고도의 프락
시스라는 정의를 내린다. [19]

인간은 도시 국가에서 철학자로서 테오리아를 향하여 해방될
수 있었다. 평범한 인간에게는 너무 높이 존재할 수도 있지만,
비오스 테오레티코스는 바로 이것에 의하여 평균적인 평범한 삶
이 비로소 바르게 고찰되는 척도가 된다. 평범한 삶은 욕망과 이
익의 추구에 있어서의 삶으로 나타나고, 이로부터 삶의 본질적
인 규준이 도출되는데, 이는 예를 들어 헌법이나 법규에 나타나
기도 한다. 여기에서 비로소 철학적으로 분류된 관조가 취하는
삶의 형식과 소유욕이 취하는 삶의 형식 사이의 긴장을 염두에
두어야 한다.

이 구별이 근세에 어떠한 역할을 담당했는지를 간과해서는 안
된다. 근세에서는 이 관계가 간단히 뒤바뀌어 실천이란 노동,
기술, 욕망, 소유 등을 의미한다. 예를 들어 로크에게서 이러한
싹을 볼 수 있는데, 그는 플라톤이 비판한 플레오넥시아[20](더-
많이-가지려 함)를 인간의 악이 아닌 행운으로 간주하였다.[21]
시민 사회는 개인과 밀접한 관련을 맺으며, 개인은 우선 생명,
자유, 재산의 소유를 요구하는 공식으로 귀착하는 절대적 소유
를 외친다. 이는 프라시스에 대한 극단적으로 다른 이해이다.
실천의 개념은 특히 헤겔 이후, 말하자면 마르크스 이래로 오늘
에 이르기까지 남용되어 왔다. 인간에게는 실천이 중요하다는

19) Aristoteles, *Nikomachische Ethik*, X, 7 및 같은 저자, *Politik*, VII,
3 참조.
20) Platon, *Gorgias*, 483c, 508a.
21) Locke, 앞의 책, V, 37; 이에 덧붙여 A. Baruzzi, *Einführung in
die politische Philosophie der Neuzeit*, 75면 참조.

것이다. 사람들은 철학에서 특히 실천 철학을 선전하고, 학문과 실천의 연관성을 계속해서 강조한다. 실천이 최고의 정위점인 것이다.

근세에는 노동을 일종의 실천이라 부르며, 소유를 추구하는 인간의 욕망, 욕구적 본성을 실천으로 생각한다. 이러한 의미의 실천은 인간 및 자연의 삶에 폭력을 불러일으킨다. 바로 노동이라는 실천, 소유라는 실천이 삶을 위협하고 부정하기 때문에, 오늘날에는 다른 노동 형식, 다른 삶의 형식을 갈망한다. 노동과 소유는 분명히 아무런 실천도 초래하지 못했다. 대안적 삶의 형식이 실제로 다시금 실천을 도래하게 하며, 그리하여 실제로 그 명예를 회복하리라고 기대할 수 있겠는가? ·

폭력의 관점에서 볼 때 대안적 삶의 형식은 오늘날의 노동, 기술, 정치와는 유리되어 있으며, 따라서 삶의 형식에 관한 고전적 학설과 비교될 수 있다. 아니, 새로운 삶의 형식을 위한 오늘날의 노력에 의하여 비로소 고대의 학설에 대한 시야가 열린다. 그 당시의 결정적 규준은 폭력이었다. 고대 학설에서 결정적인 문제는 삶의 형식에 대한 물음에 있어서의 폭력 및 폭력적인 것은 어떤 일정한 활동에 의하여 나타나게 되며, 인간은 새로운 삶의 형식의 자유에 도달하기 위하여 이 폭력으로부터 해방되고자 했다는 사실이다. 폭력으로부터의 해방이 비로소 삶의 형식에로의 접근을 가능하게 한다. 이 해방은 삶의 형식에 도달하기 위하여 현실적으로 실천적인 삶을 영속적으로 실행한다. 이 학설은 아리스토텔레스의 《윤리학》과 《정치학》의 서두에서 나타난다.

(2) 쾌락적 삶

고대의 삶의 형식에 관한 학설이 의미하는 폭력 문제를 올바르게 파악하면 관조적 삶, 정치적 삶, 향유하는 삶(das genießende Leben)이라는 항존하는 세 가지 삶의 형식의 흐름 및 통일이 훨씬 적확해진다. 그런데 관조는 곧 최고의 실천이라는 명제가 이를 가로막는다. 이에 따르면 기술만이 아니라 소유 및 이익도 아무런 등급을 가지지 않는 실천(Praxis in keinem Grad)이다. 그렇다면 다른 두 가지 삶의 형식인 정치적 삶 및 향유하는 삶과 관조적 삶은 어떤 위치에 있는가? 향유하는 삶은 분명코 배열하기가 매우 어렵다. 쾌락을 추구하는 욕망이 삶을 즐기며 영위하는데 이러한 삶에도 실천이 존재하는가? 폭력적으로 이익을 추구하는 삶으로부터 문제가 출발할 때, 사태는 매우 단순하면서도 어려워진다.

인간은 매우 잘 향유함으로써, 아니 다른 사람보다 많은 재화를 사용하고 소비함으로써 이익광, 소유광으로 살아간다. 절제만을 일삼는 구두쇠의 부(富)가 아니라 소유욕과 이익욕을 가진 인간이 물건을 사용하고 소비하면서 살아가지 않고, 점점더 많이 가지려고만 하는 데 문제가 있다. 그는 사용하기 위해서가 아니라, 소유를 증가시키기 위하여 살아간다. 소유를 위한 삶과, 사용 및 소비에 있어서 그때마다 모두 소비해 버리기 위하여 사는 욕망적 삶 혹은 쾌락적 삶 사이의 차이는 엄청난 것이다.

플라톤은 바로 이 점을 통찰한다. 그는 인간의 영혼과 그 생동성에 관한 고찰에서, 첫번째, 대부분의 인간은 욕망을 가지며,[22] 두번째, 인간의 내부에 있는 대부분은 욕망임[23]을 확신한다. 만일 플라톤이 언제나 인간을 논리적으로 지배되는 이데아적 생물로 여긴다고 믿는다면, 이러한 플라톤의 주장은 놀랍게 들릴 수도 있다. 그의 《국가론》은 욕망으로 가득 찬 인간에 관한 저술이다. 올바른 구분, 인간에 있어서 표준이 되는 규칙이 중요하기 때문에, 그는 특히 인간의 처신과 정치적 심리가 결정적인, 그래서 인간의 태도가 규제되고 균형을 이루는 덕에 관하여 사색하였다. 이것이 곧 조화의 덕인데, 이것은 자신의 삶을 유지하기 위한 중심적 삶인 동시에 인간이 논리적·정치적으로 발전시켜야만 하는 "정의"라는 제목으로 더 잘 알려져 있다. 정의란 모든 인간사의 분류, 분배의 덕이다. 제도나 태도의 문제에 대하여 우연히 정의가 거론되는 것은 아니며, 귀결적으로 플라톤에 있어서 정의는 "정의에 관하여"라는 부제를 가지는 국가론의 설명 개념이다. 플라톤이 덕으로서의 욕망에 배속시킨 사려 깊음 및 절제의 덕 (Tugend der Besonnenheit oder des Maßes)에 있어서도 또한 정의라는 중심적인 규제의 덕이 반영되어 있다. 욕망이란 지나치지 않으며 자신의 쾌락을 지향하면서도 거기서 만족을 얻기 위하여 절제를 유지하는 것이 중요한 일이기 때문이다. 향유에 있어서는 대부분이, 아니 거의 모든 것이 절제에 달려 있다.

쾌락적 삶은 실천의 질로써 드러나며, 거기에는 절제와 한계

---

22) Platon, *Politeia*, 430 d 참조.

23) 같은 책, IV, 442 a 참조.

가 있다. 이에 의하여 목표에 도달하며, 그러한 목표는 바로 행위 자체에 있다. 인간은 향유에서 만족을 얻고, 향유된 물건은 나에게 좋은 것이다. 이러한 삶은 좋다(gut)라고 말할 수 있다. 말 그대로의 의미에서 볼 때 실천이 일어난다(es geschieht Praxis)는 것은 어떤 사실이 완전히 행해짐(prak＝어떤 것이 완전히 행해짐)을 의미한다.

물론 쾌락적 삶은 폭력에서 해방된 것이 아니다. 이 삶에는 존재와 폭력이 뒤섞여 있다. 삶의 형식에 대한 고대의 학설은 소유의 삶(Besitzleben)에 있어서의 폭력과 쾌락적 삶에 있어서의 존재를 구별한다. 이 차이는 관조적 삶과 쾌락적 삶 사이의 차이보다 크다. 그러나 쾌락적 삶에 있어서는 존재가 나타나고 실천이 경험된다고 하더라도, 물건에 대해서는 폭력이 행해진다. 즉 그것을 사용하고 소비시킨다.

삶의 형식에 대한 물음은 삶과 폭력의 연관에 대한 물음이다. 인간은 어떤 것을 그대로 놓아 두거나 또는 거기에 폭력을 가함으로써 분명 두 가능성 가운데 존재한다. 그러면 과연 어떻게 존중하는 삶(ein achtsames Leben)이 경주되고 폭력적인 삶에서 벗어나겠는가? 일반적으로 인간은 이익, 취득, 소유를 초래해야만 하는 활동에 종사한다. 물건과 자기 자신을 산출하기 위한 본질적 활동인 노동에서도 폭력 없이는 일이 진행되지 않는다. 특히 비오스 테오레티코스(관조적 삶)와 비오스 아폴아우스티코스(쾌락적 삶) 사이의 삶, 즉 정치적 삶도 폭력 없이는 불가능하다. 문제는 존재인가 폭력인가로 첨예화되어 일자는 타자를 배척하는 듯이 보인다.

그런데 만일 무폭력성의 척도(Maßstab der Gewaltlosigkeit)를 정
립한다면, 결국 실천으로서의 테오리아(최고의 실천만이 아닌)
만이 남을 것인가? 삶의 형식에 대한 오늘날의 물음은 폭력을
최소화하고 반드시 배제하기 위하여 인간의 모든 삶의 영역 및
활동을 지향한다. 이 물음은 모든 사물만이 아니라 많은 폭력을
당하는 인간과도 마주친다. 삶의 형식에 대한 오늘날의 물음 및
고대의 학설은 폭력을 비판한다. 물론 두 경우에 있어서 동일한
문제가 제기되는지는 의문스럽지만 가장 중요한 비교점은 폭력
을 완전히 배제한 상태의 테오리아임에 틀림없다. 옛날에는 존
재의 실행으로서의 삶의 실행(Lebens- als Seinsvollzug)이 문제였으
며 존재에 있어서의 삶이 추구되었으나, 오늘날에는 자기 존재
또는 자기 실현이 중요시되어 옛날의 놓아 둠에 관한 학설과 오
늘날의 자기 존재에 대한 물음 사이의 결정적 차이점을 이룬다.
　인간은 자기의 삶을 추구하여 자기 스스로 옳고 좋다고 생각하
는 대로 살고자 한다. 그는 자동차와 여행을 포함하는 현대적 삶
의 수단을 필요로 하며, 자기 자신을 위하여 적지도 많지도 않은
것을 요구한다. 이렇게 보면 오늘날의 삶의 문제는 이미 많이-
가지려-함과 갈등을 빚는다. 많이-가지려-함은 삶을 그대로 놓
아 두지 않기 때문에 폭력적이다. 만일 인간이 한편으로는 항상
많이 가지려 하고 그래서 본래적으로(eigentlich) 살지 않으려 하
면서도, 다른 한편으로는 타인으로 하여금 아무것도 없이 살 것
을 요구한다면 이는 자기 기만일 것이다. 인간이 무엇을 필요로
하는지가 문제이다. 그렇다고 해서 관조에서는 아무것도 필요로
하지 않으므로 놓아 둠이 모든 것을 규정한다는 입장에서 출발할

수는 없다.

물론 아무것도 필요로 하지 않았던 철학자 디오게네스(Dio-
genes)의 예가 있기는 하다.＊ 관조의 문제에는 분명히 두 가지
측면이 있다. 관조는 한편으로는 정당하게 여러 가지 많은 것들
을 전제하면서도, 다른 한편으로 이론으로서의 철학은 인간 유
형에 의존하므로, 어떤 이는 보다 적게 또한 어떤 이는 보다 많
이 관조적 삶을 가능하게 하기 위한 재화를 전제한다. 고전적 윤
리학과 정치학을 정말 진지하게 받아들인다면 디오게네스처럼
아무것도 없이 그럭저럭 살아감으로써 철학자가 되는 인간 유형
과, 플라톤처럼 부유한 가정에서 태어나서 여가를 가질 수 있는
인간 유형의 극단을 설정할 필요는 없을 것이다. 삶의 형식에 관
한 학설은 삶이 상이한 방식으로 질서지어져 있음을 가르쳐 준
다. 이로부터 철학자, 정치가, 향락가의 인간 유형을 구분할 수
있을 것이다. 플라톤에 있어서도 이러한 구분이 발견된다.

중요한 문제를 더 고찰해 보자. 삶은 실천을 필요로 하는 바,
실천은 세 가지 방식으로 전개된다. 완벽한 삶의 진행(Prattein)

＊ 헤겔은 디오게네스의 삶이 개인적·추상적 자유(절대적 자유가
아닌)에 바탕한 "사치의 산물"(Produkt des Luxus)에 지나지 않
는다고 평가한다. 그는 견유학파(犬儒學派, Zyniker)의 대표자
로서 사회를 떠나서 산다고 자신했던 것과는 달리 사실은 아테
네라는 인륜적 국가 안에서 살 수밖에 없었던 한 시민에 불과했
다는 것이다. G.W.F. Hegel, *Grundlinien der Philosophie des Rechts*, §
195, in *Werke in zwanzig Bänden*, hrsg. Moldenauer u. M. Michel (Frank-
furt a.M., 1969) —옮긴이 주.

에 있어서는 그 중에서 어느 것도 포기되지 않는다. 인간이란 공동체 즉 정치적 삶이 없이는 살아갈 수 없으며, 마찬가지로 만족스러운 쾌락과 최고도의 실천인 관조 없이도 살아갈 수는 없다. 이 세 가지의 형식은 삶이 영위되기 위하여 함께 연관된다. 이 통일로부터 비로소 그 이상의 분류가 발생하고, 이 분류에 따라서 인간 유형이 나누어지기도 한다. 인간은 모든 행위에서 무엇인가를 달성하려 하는데, 이는 행위의 밖에 있는 목표일 수도 있고, 행위 바로 그 자체일 수도 있다. 이 노력은 재화를 지향하며, 이러한 노력을 수행하기 위해서는 또한 다른 재화를 필요로 한다.

　폭력적인 삶은 결코 재화를 지향하지 않는데, 그것은 이 삶이 더 많은 것을 욕구하므로 재화가 그들에게 그러한 의미를 가지지 않기 때문이다. 더-많이-가지려 함이란 단지 나 자신이 더 많은 재화를 가지려 한다는 의미일 뿐만 아니라, 어떠한 재화도 나에게는 재화로서의 의미가 없다는 뜻이기도 하다. 폭력적인 행위는 모든 것을 필요로 하는 듯하지만 사실은 아무것도 필요로 하지 않는다. 그런데 무(無)가 있는 것이고, 따라서 그것은 존재의 경험을 위한 그 반대의 경험을 주도한다. 많은 물건들이 우리로 하여금 그것들을 소유하고 모으도록 사로잡아 우리는 이 물건들을 풍부하게 쌓아 놓으려 하지만, 이렇게 많은 재화, 존재자들을 모으면서도 그 개별적 재화들에 대해서는 아무런 관심이 없고 오로지 전체 재산만이 관심의 대상일 뿐이다. 우리는 그야말로 언제나 재화를 소유하는 차원으로부터 다른 차원으로 모든 재화를 초월하여 나아간다.

물론 이런 사람들이 많은 물건을 소비하는 것은 사실이다. 그러나 그들은 많은 물건을 소비하면서도 물건을 사용함에 있어서 진지하지 않고, 따라서 소비에서 채워지는 것은 아무것도 없다는 점이 문제이다. 이는 주목할 만한 일이다. 삶의 형식에 관한 고대의 학설은 특히 이 점을 지적한다. 이 학설이 결코 아무것도 소비하지 않는 관조에 도달하기 위해서는 가능한 한 적게 소비하고 사용하라고 가르치는 것은 아니다. 다만 관조하기 위해서는 모든 것을 그대로 놓아 두어라! 이는 매우 어렵고도 싱거운 학설인지도 모른다. 이것은 전혀 다른 척도이다. 물건을 신중하게 중용에 맞게 사용하는 것, 그 사용에 대한 간섭이 중요한 것이다. 이는 물건을 올바르게 현실적으로 사용하기에 관한 학설, 또한 물건만이 아니라 비오스 폴리티코스(bios politikos, 정치적 삶)에서 권장되듯이 인간과의 교제 등에 관한 학설이다.

(3) 정치적 삶

놓아 둠이 다만 테오리아에서만 나타난다면, 이것은 삶에 대해서는 너무 적은 것이며 따라서 아무런 삶의 형식도 띠지 않을 것이다. 테오리아의 근본 특징으로서의 놓아 둠은 어디에서나 효력을 발휘해야 할 것이다. 이는 고대 철학의 윤리학과 정치학에서 나타났던 근본적 경험이다. 그 당시의 인간은 쾌락적 삶, 사회적 삶, 관조적 삶에서 실현될 수 있는 실천을 행할 수 있다고 인식하였다. 특히 정치적 삶의 형식은 인간으로 하여금 충전한 삶의 실천을 행하도록 도와주었다. 이 삶은 다른 두 가지 삶의 형식의 중간 지점에 있으므로 각각 그들과 관계를 맺게 된다.

정치적 삶의 목표는 명예이다. [24] 그러나 명예라는 목표에서 볼 때 인간은 정치적으로 다른 사람보다 뛰어나려 하고 어떤 특별한 정열, 즉 명예의 노예로 전락하려 한다는 사실을 외면할 수도 있다. 이는 명예를 욕정과 연관지어서 결국 "힘"이라는 원초적 욕정으로 환원시킨 홉스와 같은 근세의 사상가와 비교해 볼수 있을 것이다. [25] 그러나 여기에 현혹되어서는 안 된다. 고대의 학설에서는 이기심이나 거만함이 아니라, 모든 시민(polites)은 정치적 삶과 유대를 맺고, 정치 공동체에서 명예로운 사람으로 인정받는다는 의미에서 명예를 추구했던 것이다.

시민은 인정받고자 한다. 인정이란 오직 상호적으로만 가능하다. 정치적 삶의 형식으로서 진행되는 정치적인 근본 행위는 인정받는 일이다. 인정(Anerkennen)이란 놓아 둠의 한 형식이다. 인정으로서의 정치적 삶(bios politikos)은 모든 사람을 그냥 그대로 있도록 하고, 각자로 하여금 자기의 것을 보존하도록 한다. 고전적 정의 개념인 각자에게 고유한 것(suum cuique)이란 바로 이 사실과 연관된다. 정의의 공식은 다만 그 나름대로 실천에 대한 근본 공식으로서의 놓아 둠이 언표하는 것을 나타낼 뿐이다.

---

24) Aristoteles, *Nikomachische Ethik*, I, 3, 1095b 23 이하 참조.

25) 아리스토텔레스와 홉스의 비교에 대하여 L. Strauss, *Hobbes' Politische Wissenschaft* (Neuwied/Berlin, 1965), 55면 이하 참조.

3. 놓아 둠

(1) 기술에서

테오리아 그 자체만으로는 결코 놓아 둠의 실천이 아니며, 여러 활동이 비로소 이 놓아 둠이라는 실천을 경험하도록 해준다.

분명히 제작(Herstellung)과 기술의 영역은 어떤 실천의 이해를 제공한다. 나는 집을 완성하기 위하여 집을 짓는 것이 아니라, 집을 지으면서 나를 충만시키는 활동을 경험하며, 집의 건축이 어떤 결과를 낳는가 하는 것은 전혀 중요하지 않다. 기술적인 모든 행위는 실천과 유사한 자기 이해로 나아갈 수 있다. 구두장이는 구두라는 작품을 염두에 두지 않은 채 구두를 만들고, 이리하여 집이나 전체 도시가 단지 지어지기 때문에 그렇게 지어진다. 이것이 무엇을 의미하는지를 분명히 해야만 한다. 이는 기술 및 실천과 관련지어 볼 때 월권 행위이다. 결과를 고려하지 않는 기술이 무슨 쓸모가 있는가? 건축을 위한 건축이라는 사고 방식을 삶에 적용시키면, 이 명제는 "우리는 건축하기 위해서 산다"를 의미한다.

이런 식으로 제작 행위에 몸을 내맡기는 사람은 작품을 제작할 수는 있겠지만, 이것은 부수적인 일이 된다. 중요한 일은 산출 그 자체(das Hervorbringen selbst)이다. 이는 작품이라는 존재자를 지향하지 않는 포이에시스(산출)의 오만이다. 존재자는 이래도 좋고 저래도 좋다는 식이다. 산출로서의 산출에서 작품은 그 자

체로 놓아 두어지지 않으므로 어떠한 존재자도 산출되지 않고,
다만 산출이 산출될 뿐이다. 이렇게 하면 작품에 폭력을 행사하
는 격이 되어 작품을 그대로 놓아 두지 않게 된다. 그러나 작품
이 존재자로 존재하기 위해서는 있는 그대로 놓아 두어야 한다.
여기서는 작품을 제작해 놓고 동시에 그것을 거부해 버리는 꼴이
다. 건축에서 어떤 일이 일어나는지를 살펴보면 이 점을 확인할
수 있다. 집, 거리, 도시가 완성되기도 전에 그것을 부수어 버
릴 생각부터 한다. 다만 끊임없는 건축만이 중요할 뿐이다.

만일 건축하기 위하여 산다면, 건축의 문제는 혼란에 빠져 도
처에서 폭력성을 경험하게 된다. 이로써 작품 및 존재자가, 다
른 한편으로는 잘못된 곳에 행사된 실천 자체가 폭력을 당한다.
이 폭력성(Gewaltsamkeit)은 아마도 자연을 압박하는 기술에서
나타나는 폭력보다 훨씬 클 것이다. 만약 우리가 작품 자체를 주
시하고 작품 안에서 본래 산출되어야 할 존재자로서의 그러한 서
열을 그대로 놓아 둔다면, 약탈은 아주 없어지지는 않지만 훨씬
감소되어 끊임없는 건축 활동이 그 한계점에 도달하게 되고, 그
결과 작품을 위하여 되돌아설 것이다. 작품을 작품으로 받아들
일 줄 아는 사람은 한 작품에만 몰입하여 그 다음의 계획에는 무
관심해진다. 무엇보다 중요한 것은 이처럼 놓아 둠의 연습(Ein-
übung des Seinlassens)이다. 관조가 최고도의 놓아 둠이라고 하지
만, 기술 역시 존재자를 그대로 놓아 둘 수는 있다. 기술적 행위
가 본래 추구해야 할 일은 작품을 지향하는 일뿐이다.

오늘날 중요한 일은 놓아 둠이라는 인간의 근본 경험을 다시금
되돌리는 일이다. 전혀 예측되지 않은 곳, 즉 쾌락적 삶의 차원

에서 외적·신체적 재화를 사용할 때나 혹은 정치적 삶의 재화를 획득하려는 정치적 삶의 형식에 있어서도 곧잘 놓아 둠이 행사될 수 있으며, 원래의 윤리학과 정치학을 나타내기도 한다는 점을 통찰할 줄 알아야 한다. 우정, 연대감, 자유, 평등, 그 이외에 정치적 재화에서 명시될 수 있는 모든 것들은 관조로는 도달할 수 없으며, 본래적 의미에서의 정치적 삶의 형식이 요구된다.

(2) 관조에서

쾌락적 삶은 무엇이든간에 사용하고 소비한다. 그러나 관조적 삶은 이와는 달리 모든 것을 손대지 않고 그대로 내버려 둔다. 반대로 우리는 어떤 것을 관조하고 (schauen etwas an), 어떤 것은 이러한 관조에서 자기와 우리에게 귀속되는 현재성 (Anwesenheit) 을 얻는다. 이렇게 보면 테오리아라는 말이 매우 복잡하게 언표 해 주고, 또한 플레그나스무스 (이중 보충)라는 말이 (부당하게) 요구하듯이 봄의 봄 (théa und horáo)[26]이 무엇을 뜻하는지가 이해

---

26) M. Heidegger, "Wissenschaft und Besinnung", in *Vorträge und Aufsätze*, 52면 이하 참조. 이때 하이데거는 그 이외에도 두 가지 뿌리, theá (여자 하느님)와 óra를 추적하는데, óra란 "우리가 취하는 주의력, 우리가 선사하는 명예와 존경"이다. 그는 다음 으로 이 뿌리로부터 이미 그 발음상 함께 암시되는 보존과 진리 (Bewahren und Wahrheit)에 대하여 사유한다. 이에 관해서는 H. Rausch, *Theoria. Von ihrer sakralen zur philosophischen Bedeutung* (München, 1982) 참조. 이 책의 1장에서는 매우 어려운 어원학 적 해석 문제에 관한 탁월한 전망을 제공한다 (2장과 3장에서는

된다. 이것은 다음과 같이 숙고해 볼 수 있다.

한 그루의 나무를 볼 때, 우리의 눈은 보이는 것을 보고 또한 관조(Ansehen)가 무엇인지를 본다. 나무, 집, 풍경, 인간, 세계를 이루는 모든 것을 볼 수 없었다면 봄(Sehen)이 무엇인지를 실제로는 전혀 몰랐을 것이다. 봄이 있기 때문에, 봄에 있어서 존재가 보여지기 때문에 본다. 이는 고전 철학적으로 하느님적인 것으로 불리던 관조를 넘어서는 봄에 있어서의 엶(Öffnung)이요, 봄의 경이로움이며 비밀이다. 우리는 의식적으로 이 용어를 취하지만 이 용어를 종교적으로 이해할 수 있는 우려를 전제한다. 이는 일찍이 타우마체인(thaumazein)이라는 용어에 언표되었던 철학 자체의 용어이다. 존재자는 철학자를 놀라게 한다. 그는 테오리아에서 그때마다의 머무름 가운데 있는 작은 봄(Schau)

플라톤과 아리스토텔레스에 있어서의 모든 척도가 되는 참고 문헌을 바탕으로 하는 이론 이해를 서술한다). 그러나 이미 고대의 해석이 여기에 나타나는 바와 동일한 방향으로 나아가고 있었기 때문에, 하이데거의 해석에 대하여 자신 있게 이의를 제기할 수는 없다. 특히 같은 책, 38면의 요약을 참조하라. 어려운 해석의 상황을 내세워서 H. Frisk, *Griechisches Etymologisches Wörterbuch* (Heidelberg, 1973), 제1권, 669면은 소극적으로 머무르는 반면, P. Chantraine, *Dictionnaire Etymologique de la Langue Grecque* (Paris, 1983), 제1권, 443면은 공개적 태도를 표명한다. 여기서는 용어로부터 사유하는 것이 아니라, 경험과 언어의 일치를 입증하는 것이 중요하다. 다음에 나오는 작은 예는 시각이 언어에 대하여 가지는 경험을 제기한다. 언어는 이 경험을 이미 관조(Theorie)라는 말 속에 포함한다.

에서 경험할 수 있는 존재의 비밀을 통찰한다. 어떤 것을 보면서 동시에 존재 자체를 보기 때문이다. 존재는 나타난다.

(3) 행위에서

관조는 보기 위한 봄(Schauen um des Schauens willen)이다. 여기서는 목적 문제를 바르게 파악해야 한다. 봄은 자기 자신을 지향한다. 봄의 목표는 자기 자신이다. 그러므로 관조란 봄을 지향하는 봄이다. 즉 관조는 봄의 봄(Sehen des Sehens)이다. 여기에는 하느님의 활동인 사유의 사유라는 비유가 바탕에 깔려 있다. 그렇다면 인간이란 하느님의 사유를 위한 봄의 옹졸한 현학자란 말인가?

봄의 봄이라는 이러한 활동은 한마디로 이념(Idee)이다. 이념이란 말에는 보는 자로서의 인간, 봄이란 활동, 보여진 것 등이 하나로 결합된다. 이념이란 세계의 연관성을 뒷받침해 주는 멍에(Joch)와 같은 것으로, 보는 자와 보여진 것은 다같이 이 가운데 존재한다. * 봄에 나타나는 관계는 여러 가지로 해석될 수 있다. 오직 이념이 있기 때문에 보는 행위가 가능하며, 반대로 이념이란 오직 봄이 있으므로 존재할 수 있다.

* 원서 151면의 "… worin wir wirklich im Sehen und das Gesehene ebenso wirklich im Sehen sind"는 다음과 같이 고쳐져야 한다 : "… worin wir wirklich im Sehen sind und das Gesehene ebenso wirklich im Sehen ist." 원문대로는 뜻이 성립되지 않으므로 우리는 고쳐진 문장을 우리말로 옮긴다—옮긴이 주.

문제는 인간이다. 하느님적인 것, 하느님의 이념, 그리스적 사고 방식에서 하느님에게 관계되는 사유의 사유(Denken des Denkens)²⁷⁾에 있어서의 최고도의 실천 등의 서열은 전혀 문제가 되지 않는다. 중요한 것은 인간이다. 관조를 자기에게 귀속시키는 인간의 현실적 지위란, 인간이 최고도의 실천을 순수한 사유, 순수한 봄에서만이 아니라, 실천의 다양한 형식으로도 체험하는 데 있다. 관조는 실제로 실천의 형식인 동시에 삶의 형식이다. 이 점은 위에서 이미 놓아 둠을 언급하면서 살펴본 연관성으로부터 이해될 수 있다. 이는 "관조는 최고도의 실천이다"(아리스토텔레스)로 공식화할 수 있다. 관조는 최고도의 놓아 둠이다. 즉 봄의 봄에서 존재를 경험하는 셈이다.

최고의 방식인 관조에 있어서 놓아 둔 것은 다양한 형식으로 경험할 수 있다. 오직 가기 위해서 가고, 연주하기 위하여 피리를 연주한다. 행사할 수 있는 매우 다양한 활동은 그 자체로 관계할 수 있는지의 여부로 판가름될 수 있다. 모든 행위에서 이런 식으로 "오직 행위 자체만이 있다"에만 관심을 집중시킬 수 있겠는가? 놓아 둠이란 이중의 의미를 가진다. 첫째, 하려는 행위, 예를 들어 간다는 행위는 그 자체로 놓아 두고 다른 것과 뒤섞지 않는다는 뜻이고, 둘째, 그 이외의 다른 모든 것은 밖에 그대로 둔다는 뜻이다. 건강해지기 위하여, 기록을 세우기 위하여, 어디론가 가기 위하여 가는 것은 아니다. 다만 간다는 행위를 그대

---

27) Aristoteles, *Metaphysik*, XII, 7, 1072b 18~30. 헤겔이 그의 *Enzy-klopädie der philosophischen Wissenschaften* (1830)을 이 말로써 끝맺는 곳을 참조하라.

로 놓아 두기 위하여 간다. 감(Gehen)이 있을 뿐, 그 이외의 것에는 관심이 없다. 그렇다고 해서 다른 것의 가치가 깎이는 것은 아니다. 그것은 그 자체로 있는 것이지 다른 것과 섞이지는 않는다. 모든 것은 어디까지나 존재자이다. 극단적으로 활동에 관여할 경우 한편으로는 이 활동 자체가 있고, 다른 한편으로는 비로소 다른 사물 및 인간이 존재한다.

사실 자체를 받아들임은 완전히 관철함(prak-)이다. 이는 언제, 어디서, 어떻게 가능한가? 다름 아닌 현실적으로 살고자 할 때는 언제나 가능하다. 노동이나 기술의 기능을 뒤바꾸는 것이 중요한 것은 아니다. 바로 근세(Neuzeit)가 실천으로서의 노동에 관한 자기 이해로써 이러한 일을 시도한 바 있다. 한편으로 노동과 기술, 다른 한편으로는 실천과 삶이 삶에 대하여 가지는 결정적인 차이점을 고려할 줄 알아야만 한다. 삶을 위하여 노동과 기술이 필요한 것은 사실이지만, 그렇다고 해서 삶 자체는 아니다.

평균적 일상 생활을 고찰해 보자. 전체적인 일상 생활의 진행을 지켜 보면, 고대의 학설이 주장한 대로, 어떤 것을 있는 그대로 놓아 두는 것과는 너무도 거리가 멀다. 모두 깨어나서 일하러 가기까지 질주에 질주를 거듭한다. 어느 누가 대문으로부터 버스 정류장까지 혹은 차고에 이르기까지 단지 가기 위해서 가겠는가? 어느 누가 자기의 자가용 승용차나 대중 교통 수단으로 가고 또한 단순히 차를 타고 가도록 그대로 놓아 두겠는가? 대중 교통 수단에 승차해서 이 생각 저 생각에 몰두한다. 대부분 수천 가지 생각, 공포, 독촉장, 사설, 시류와 정치에 대한 비평에 이

르기까지 사람을 허덕이도록 하는 여러 가지 읽을거리나 신문을
뒤적인다. 여기에 무슨 초연성이 있겠는가? 그런 후에 일을 시
작하고, 되도록이면 일을 잘 하려 하면서 일에 완전히 몰두한
다. 그래서 노동하는 삶에 있어서 일 자체에 몰두하는 것이 무엇
을 의미하는지에 대해 알게 된다. 다른 수반되는 요소나 부수적
목표를 위한 여지는 전혀 남아 있지 않다. 전적으로 일에 매달리
는 것이 필요할 뿐이다. 전혀 뜻하지 않은 곳에서 실천이란 원래
무엇인지에 대해 알게 된다.

　인간의 평균적 삶의 과정과 전체적인 일상의 삶을 실천 경험의
가능성을 잣대로 하여 실험한다면, 이 실천 경험을 하는 순간은
거의 없을 것이고, 다만 외부의 목표를 지향하기만 하는 노동과
기술의 활동만이 남게 될 것이다. 각 개인이 스스로 장소나 습관
을 불문하고 전혀 예기치 못한 곳에서 이러한 삶의 경험을 한다
는 것이 중요하다. 삶의 실천의 태도를 의식하게 하는 순간이 도
래한다는 것은 결코 우연이 아니다. 아마도 중요한 것은 오직 삶
에 대하여 결코 적지 않은 풍부한 순간일 것이다. 이러한 순간들
이 계속 나타나는 일이 중요하다.

(4) 무위에서

　우리는 생산할 때나 소비할 때, 일할 때나 자유로울 때를 막론
하고 끊임없이 행위하면서 살아간다. 삶은 점점 많이, 항상 다
른 것에 관계하도록 우리를 몰아세운다. 요즘에는 이처럼 평균
적인 오늘날의 삶의 태도에 대하여, 행하지 않는 것이 아니라 무

(無)를 행하려 하는 삶의 태도가 항의하고 나선다. 이러한 삶의 태도는 생산 및 소비의 절제를 요구하며 되도록이면 적은 노동, 적은 비용으로 살고자 한다. 이러한 태도는 이른바 업적˙원칙(Leistungsprinzip)에 반대하여 "섹스, 문고판 책, 기타 연주, 방랑, 회화, 정치 활동"[28] 또는 "무위(Nichtstun), 극장 가기, 타악기(미국식) 음악 감상 및 춤추기, 마취제 흡연, 성교"[29] 등의 행위로 채워지는 쾌락의 원리를 내세운다. 이렇게 세분화된 행위는 "의˙식˙주 및 성욕, 건강의 유지와 개선", 이를 넘어서 "질적으로 새로운 욕구"(자기 강화, 연대성, 감각 예민화) 등의 "생동하는 욕구"[30]를 만족시켜 준다.

무위(無僞)는 물론 많은 것을 전제하고, 많은 문제를 제기하는 것이 사실이다. 이 태도는 무위를 가능하도록 하기 위하여, 무위가 행하지 않는 여타의 것을 행하는, 이와는 전혀 다르게 살아가는 일반 사회를 전제한다. 이는 다만 평균적 사회의 과도한 생산적 삶을 막아 주는 불법적인 쾌락의 삶이다. 무위는 순수한 행위가 갖는 동전의 이면이다. 우리는 이러한 행위로부터 탈출하려 하지만 매일 또 다른 그러한 행위로 빠져들게 된다. 그러나 무위에서도 다른 일반 사회의 행위에 속하는 것을 행하려 한다. 그러면 무위란 심오한 의미에서의 일종의 실천인가? 물론 무위에서 몇 가지는 실천에 도달하겠지만, 이는 현실적인 무위에서 가능하다는 뜻은 아니다. 무위는 근본적으로 고대의 실천 분류

---

28) R. Schwendter, *Theorie der Subkultur*, 146면.

29) 같은 책, 156면.

30) 같은 책, 198면.

에 따른 쾌락적 삶—예를 들어 욕망은 쾌락에 의하여 해소된다
—이외의 아무것도 아니다.

오늘날은 그럭저럭 이러한 무위에 있어서도 만족되지 않는 끊임없는 행위의 한가운데에 있는 현실적인 무위(ein wirkliches Nichtstun)를 필요로 하게 되었다. 그 이유는 의욕에 찬 행위가 아닌, 끊임없는 행위를 돌이켜 놓고, 긴장된 행위의 과정을 완화시킨다는 의미에서의 무위에 관계하는 것이 중요하기 때문이다. 인간과 행위 자체를 그대로 놓아 두지 않는 행위를 멸시하는 것이 그대로 놓아 둠 및 존재를 존중함(Seinachten)이라는 의미의 실천에 해당하는 것이고 또한 매우 중요한 것이다.

실천이란 전적으로 자기 자신에 머물고, 자기 안에서 실행하며, 그렇게 삶을 수행하는 행위라고 말한 바 있다. 나는 이 실천 개념을, 무위에서 본질적 행위가 일어나고, 바로 이 무위야말로 오늘날 가장 절박한 최고의 가능성을 나타낸다는 명제로 확장하여 이해하고자 한다. 여기에서 세 가지 원칙을 구별할 수 있다.

1) 우리는 끊임없이 더 많이, 항상 다른 것과 관계한다. 이는 생산 사회에 있어서의 인간의 삶이다.

2) 점점더 많이, 항상 다른 것에 관계할 뿐만 아니라 언제나 행위를 하면서 존재한다. 각자는 자기 자신을 위하여 행위한다. 그러면 모든 행위는 완벽해질 것이며, 고전적 의미에서의 실천이 될 것이다. 이는 계속하여 다른 행위, 즉

3) 삶에 있어서의 안정과 고요, 내면에 침잠하게 하는 무위를 요구한다. 이때 지금까지 버림받았던 실천이 나타난다. 이

는 우리 자신과 행위를 구체화시켜 주는 현실적으로 가능한
완벽한 행위일 것이다.

만일 앞절에서 모든 행위에 대하여 항의하는 고전적 의미의 실
천에만 도달한다면, 이는 다시 삶에 있어서 우리를 오도할 수도
있다. 실천을 권장함으로써 모든 행위에서 견뎌 나갈 수 있을 것
이고, 심지어 오늘날 제공되는 모든 것에 전적으로 관여해야 하
고 또 할 수 있다고 생각할 수도 있을 것이다. 걸을 때는 걷기만
하고, 차를 탈 때는 차만 타며, 텔레비전을 볼 때는 텔레비전만
본다 등등. 그러나 날로 급증해 가는 오늘날의 행위의 가능성에
있어서, 이 모든 것에 관여한다고 할 때, 이 대부분의 활동은 수
단 및 보조 수단에 해당된다. 바로 이것이 일반적으로 말하는 기
계이며, 따라서 삶의 보조 수단에 대한 고대의 명칭은 메카나
(mechana) · 마시나(machina)이다. 보조 수단과 맺는 활동의 연
관성이 비대해지면 질수록 실천은 극소화된다. 이렇게 되면 우
리는 모든 행위에서 각 보조 수단에 관여함으로써 이 모든 것이
우리를 위하여 실천을 발휘하게 하고자 한다고 간단히 말할 수는
없다. 바로 이 태도가 우리를 우리 자신으로부터 유리시킨다.
   안팎을 두루 지향하는 삶의 긴장, 기술이나 실천, 행위를 위
한 행위 등만이 중요한 것은 아니다. 왜냐하면 오늘날 우리가 우
리 스스로에서, 스스로를 위하여 행하려 하는 모든 것에 있어
서, 우리는 우리 자신이 아니라는 것, 우리는 아무것도 아닌
것, 곧 무이기 때문이다. 새로운 정보 수단이나 의사 소통 수
단, 예를 들어 텔레비전에 관계할 때 그렇다. 과연 어떻게 실천

을 행사해야 하고, 봄에 있어서(im Sehen) 우리와 어떤 것을 그
대로 놓아 두고 또 유의할 것인가? 이러한 행위는 우리를 고양
시키는 것이 아니라 몰락하도록 한다. 어떤 것을 유의하지 않음
으로써가 아니라 멸시함으로써, 즉 전환이 아니라 차단함으로써
만 우리 자신을 보존할 수 있을 뿐이다.

눈은 시야를, 보는 존재로서의 우리는 직접성을 필요로 한다.
우리는 오늘날 직접적 삶을 강탈해 가는 매개체에만 전적으로 관
여한다. 눈은, 그 안에 머무를 수 있고, 보는 존재로서의 우리
가 거기에 그렇게 안주하고 존재할 수 있는 순간(Augenblick)을
필요로 한다. 텔레비전만을 보는 시야, 그런 인간은 그러한 어
떤 순간도 소유하지 않는다. 텔레비전을 보는 일은 순간의 나락
(奈落)이다. 삶을 위한 수단 및 보조 수단의 시각에서 행위 자체
를 위한 행위라는 의미에서의 실천에 대한 요구는 너무나 적다.
새로운 요구는 행위의 한가운데서 다시금 무를 행하는 일이다. [31]

4. 순간

대안적 삶의 형식에 대한 오늘날의 물음은 근세적으로 밝혀지
는 새로운 자유를 발견하기 위한 폭력적 삶에서 싹튼다. 우리가
여전히 어떤 것, 즉 공동인(共同人, Mitmensch), 자연, 각자의

---

31) "무위"(Nichttun)의 범주는 M.A.C. Otto, *Der Anfang. Eine philosophische Meditation über die Möglichkeit des Wirklichen*(Freiburg/München, 1975), 243면 이하(8장)가 검증한다.

자기 자신 등을 그대로 놓아 둘 수 있는가 하는 것이 중심적인
문제이다. 물론 존재보다는 자기 존재(Selbstsein)가 문제이다. 이
는 특히 자기 실현(Selbstverwirklichung)[32]이라는 운동 개념에 의
하여 잘 요구된다. 인간이 이러한 경우 자기의 자기 존재[33] 안의
새로운 자율을 가지고 세도를 부리려 한다면, 우선 인간에만 국
한되지 않은, 특히 자연과 생물, 식물과 동물, 광물, 산맥, 물
등의 자기 존재를 의미하는 자기 존재 역시 요구될 것이다.

삶의 형식에 대한 물음에 있어서는 존재의 물음(Seinsfrage)이
요구된다. 이 물음은 도처에서 맹렬히 일어나서 인간의 태도를
규정하고, 인간의 태도와 태도의 규범에 대한 새로운 숙고를 유
도하는가 하면 새로운 윤리학을 규정한다. 이는 요나스[34]의 책

---

32) 자기 실현이란 아마 근세적 자율의 유일하고 가장 새로운 변
    형일 것이다. 이에 관해서는 M. Theunissen, *Selbstverwirklichung
    und Allgemeinheit. Zur Kritik des gegenwärtigen Bewußtseins* (Berlin, New
    York, 1982), "우리 시대를 헤겔로써 파악하려는 하나의 시도",
    16면 이하 참조.

33) 자기 존재(Selbstsein)란 말 자체가 벌써 자율의 교정을 암시한
    다. 자기 및 존재에 대한 물음은 새롭게 설정되어야 한다. 자율
    의 교정에 관해서는 A. Baruzzi, *Europäisches "Menschenbild" und das
    Grundgesetz für die Bundesrepublik Deutschland*, 107면 이하 참조. 여
    기에는 1항의 기본법을 근거로 하여 자율과 인간 복리의 모순이
    나타난다.

34) H. Jonas, *Das Prinzip Verantwortung. Versuch einer Ethik für die
    technologische Zivilisation* (Frankfurt a.M., 1979) 참조. 이에 덧붙여
    O.P. Obermeier, "Technologisches Zeitalter und das Problem der

임의 윤리학과 미래의 윤리학에서 처음으로 분명히 등장한 바와
같이 존재의 윤리학이다. 고대 윤리학설에서의 중심 개념은 존
재였는데, 삶의 형식에 대한 중심 개념도 역시 존재였다. 새로
운 미래 윤리학(Zukunftsethik)은 오늘에 이르기까지 역사 과정에
서 바로 그렇게 성장할 수밖에 없었던 인간, 즉 원자 기술 및 유
전 기술과 같은 새로운 기술의 관점에서 그의 존재가 원리적으로
위험에 직면한 그러한 인간의 존재적 사실(das ontische Faktum)과
관계한다. 지금까지의 인간 및 인간 일반은 곧 무로 돌아갈 수도
있다. 무화(Vernichtung)가 위협하고, 그러므로 존재를 숙고하는
일이 절실해진다. 이는 우리 시대와 역사의 요구이다. 새로운
물음은 그 당시의 숙고로부터 여전히 유용한 것을 이끌어 내기
위하여 고대의 물음으로 되돌아갈 필요가 있다.

비단 관조만이 존재를 관조하는 것은 아니다. 이제는 모든 삶
의 형식이 존재를 지향한다고 말할 수 있다. 삶이란 곧 실천을
의미하므로 삶의 형식이기도 하다. 이는 언제나 삶의 활동에서
그 활동함을 넘어서려는 것이 아니라 단지 그 활동함에(zu einem
Tätig-sein) 도달함으로써 이 삶의 실천을 이룩한다. 한 행위에서
전적으로 그 행위에 안주함으로써 우리 자신에(bei uns selbst) 머
무른다. 우리는 어떤 사태를 지향하고, 다시 이 사태는 우리 자

Ethik", in *Philosophisches Jahrbuch*, 88(1981), 426~441면;그 이외
에도 같은 저자, "Wissenschaft als Chance zur Verantwortung", in
Allgemeine Zeitschrift für Philosophie 9(1984), Heft 1, 31~56면; E.
Ströker, *Ich und die Anderen. Die Frage der Mitverantwortung* (Frankfurt
a.M., 1984) 참조.

신을 향한다. 그래서 우리는 관조에 있어서나 쾌락적 삶에 있어
서 그때마다 하나의 전체를 가진다. 삶은 회전하고 완벽하며,
고전 철학이 이 말을 사용한 그대로, 좋다(gut).

　그리스 세계에서 삶의 형식과 폭력은 상호간에 대립하였다.
폭력에 있어서는 삶에 있어서의 어떤 것도 하나의 형식으로 결합
되지 않는다. 모든 것은 열려진 상태, 무목적적으로 무한하게
하나의 사태에서 다른 사태로 급격히 옮아간다. 이에 대한 유익
한 관점이 이익과 소유이다. 눈은 고정되지 않은 채 정지를 모르
고 어떤 것을 실제로 똑똑히 보려는, 불안하게 휘몰아대는 시
각, 순간 없는 삶을 경주하고자 한다. 허둥대며 휘몰아대는 삶
에 있어서 모든 것을, 아니 가능한 한 많이 보려고 한다. 특히
교통 기술에 의하여 제공되는 오늘날의 여행과도 같은 삶의 방식
이 그렇다. 삶에서 라디오, 텔레비전, 오늘날의 정보 기술 및
의사 소통 기술의 여러 형식과 더불어 계속하여 부딪치고 충돌함
으로써, 이 소용돌이 속에서 육체적으로는 멀쩡할지라도 갈기갈
기 찢겨진다. 이것을 발전해 가는 의사 소통이라고 여긴다. 문
제는 이 과정에서 무엇을 만나느냐 하는 것인데, 그것은 어떻든
간에 긍정적으로 머물러야 하는 어떤 존재자는 아니다.

　오늘날과 같이 경제와 기술에 의하여 규정된 삶에 있어서의 가
장 큰 곤란은 이러한 머무름(Aufenthalt)이다. 여기서는 애당초
하나의 에토스(äthos, 머무름)에만 묶여 있는 윤리학이란 불가능
하다. 어떠한 머무름에 있어서도 그 가운데 포함되어 있는 연습
(ethos)이 의미하는 것, 도시 국가(Polis)의 머무름(äthos)에 있어
서의 연습을 문제로 삼았던 최초의 윤리학과 정치학이 본질적으

로 나타내는 것 등에는 익숙해질 수 없다.

삶의 형식에 관한 고대의 학설은 아마도 제출된 것 가운데 최고의 요구일 것이다. 이는 폴리스의 삶의 경험에서 위에서 제시한 삶의 세 가지 가능성이 인간의 자유로서 등장하기 때문이다. 그래서 윤리적 당위의 공식을 "네가 할 수 있는 것을 해라"로 공식화할 수도 있는 것이다. 너는 이 실천적 삶의 형식을 추구해야 한다. 그것은 이 공식이 도시 국가에서 너의 존재 가능성으로서 보존되어 있기 때문이다.

삶은 어디에서나 위험에 직면한다. 삶은 정치, 기술, 전체 문화에 의하여 위협받는 상태이다. 이제는 어떠한 실천도 나타나지 않기 때문에, 전체적 삶은 특히 위협을 받는다. 숙고하고 유의하는 일이 필요하다. 삶을 유지하고 보존하며, 그대로 놓아두는 일이 중요하다. 삶은 활동이고, 이는 삶 자체를 지향해야만 한다. 삶 속에서 삶을 철저히 체험하는 것이 곧 실천이다. 비록 짧은 순간, 잠시 동안이지만, 모든 활동에서 이것은 가능하다. 그럴 때 관조가 분명히 해주는 것, 즉 순간이 나타난다.

관조적 실천(Theoriepraxis)이 오랫동안 요하는 것이 흔히 다른 실천에 있어서는 순간으로 족하다. 그럼에도 불구하고 이 순간은 적어도 관조에 있어서의 잠시(Weile)와 비교해 볼 때, 이보다는 훨씬 크다. 관조에서 잠시란 어렵지 않지만, 다른 활동에 있어서는 그렇지만은 않기 때문이다. 여기서는 잠시로 인하여 일을 망쳐 버리는 수도 있다. 어느 누가 한 장소를 떠나 다른 길로 들어설 위험을 안은 채 하나의 사태, 행위 자체에 머무를 것인가? 폭력의 첫번째 징후는 "머무르지 말고, 견디지 말며, 안주하지 말아라!"이다. 도시 국가는 철학자가 사물과 세계에 관한 경이로움 가운데 존재하고자 했던 그 관조가 제시한 것, 곧 머무름을 제공하려 하였다.

실천의 순간들은 지속적으로 헤아려진다. 그래서 관조에만 설정하였던 봄의 봄, 사유의 사유라는 요구를 충실히 충족시킨다. 어떤 활동이 언제나 원숙해지고 완벽하며 우리, 사물, 행위를 총괄하고 구체화한다면, 이러한 순간에 철학자의 관조가 드러내는 것과 동일한 통찰이 나타난다. 순간이란 결코 초시간에 따라서 측정할 수 있는 시간적 계기가 아니라, 측정할 수 없는, 각자 개인의 활동에서 가능해지는, 그래서 세계와 우리를 포괄하는 시야이다. 순간이란 말은 단순한 표현이 아니다. 이 점은 그리스어나 독일어로 나타나는 '철학하다'라는 말에서 다시금 드러난다. 실천의 순간이란 존재하는 것의 통찰이다. 순간에 존재, 전체, 세계를 경험한다. 이러한 것을 순간에 경험하면서 동시에 그것을 순간으로 다시 경험한다. 이는 눈을 가진 존재, 감각적 존재, 빛의 존재로서의 우리에 대응하는 올바른 말이다.

세계는 눈에서 드러난다. 이것 역시 순간에 경험한다. 순간이란 존재가 눈에 의하여 부담된다는 의미에서의 존재, 심지어 영원에 대한 은유이다. 존재는 눈에 의하여 존재한다. 인간은 인간과 존재의 관계에서 중요하다. 존재, 진리, 세계, 하느님은 오직 인간이 존재하는 경우에만 존재한다. 여기서는 종속 관계가 아니라 세계로 불리며 눈에서, 순간에서 드러나는 연관이 중요하다. 눈이 없다면 순간이 없을 것이고, 순간이 없다면 실천도 없을 것이며, 실천이 없다면 존재 또한 없을 것이다.

부록: 바루치 교수와의 대화*

양우석 : 선생님의 저서 《대안적 삶의 형식》에서 다루어지는 주
　　　　제를 전통 철학의 분야와 연관짓는다면 어떻게 이해할
　　　　수 있겠습니까? 그것은 윤리학, 문화 철학 혹은 기술
　　　　철학입니까?

바루치 : 제 책은 물론 윤리학, 문화 철학 또는 기술 철학으로도
　　　　파악할 수 있겠지요. 그러나 결국 저에게 문제되는 것
　　　　은 지금 열거한 바와 같은 오늘날의 분야와의 연관성이
　　　　라기보다는 항상 전체를 지향하는 철학입니다. 사실 모
　　　　든 (철학 내의) 학과 분야의 구분은 확실하지 않습니

---

* 이 글은 1996. 2. 19 ~ 1996. 2. 27 사이에 이루어진 옮긴이와 바
　루치 교수와의 서신 교환을 정리한 것으로 *Machbarkeit. Perspek-*
　tiven unseres Denkens 로 개칭된 이 책의 제2판에 원문 그대로 수록
　되어 있다. A. Baruzzi, *Machbarkeit. Perspektiven unseres Denkens*
　(Freiburg/München, 1996), 237 ~ 246면 참조—옮긴이 주.

다. 철학을 자연학(Physik), 논리학, 윤리학으로 구분하
려는 시도부터가 벌써 그러합니다. 이러한 재래의 구분
법에 맞추어 생각한다면 저의 저서는 윤리학에 속하겠
지만, 이때 윤리학이란 고전적으로 이해되었던 윤리학
을 뜻합니다. 살아감(삶의 정조)의 연습(정조)이라고
할까요. 이러한 의미에서 여기서는 실천 철학, 말하자
면 지식이 아니라 삶의 실천이라는 과제와 목표를 가진
실천 철학이 다루어지는 셈입니다.

양우석 : 선생님의 "가작성" 개념을 상세히 설명해 주실 수 있겠
습니까?

바루치 : 만들 수 있는 것은 만들고, 아직 만들 수 없는 것은 만
들 수 있도록 만들어라. 이 명제 가운데에 가작성의 문
제가 성립합니다.

양우석 : 제가 알기로는 가작성의 범주는, 긍정적이든 부정적이
든간에 여기서 중심적 역할을 하고 있습니다. 선생님의
이해에 따르면, 나아가서 이 범주는 본질적으로 경제,
학문, 정치, 그야말로 서양 문화 일반을 지배하고 있습
니다. 가작성의 부정적 측면들을 어떻게든 완화시킬 수
있으리라 믿으시는지요?

바루치 : 가작성은 오늘날 한편으로는 한계점에 이르러 있지만,
다른 한편으로는 여전히 향상되어 가고 있습니다. 그런
데 바로 이 가작성의 새로운 영역에서 무엇이 잘 맞지
않는다는 사실, 삶과 잘 들어맞지 않는다는 사실을 깨
닫게 되었습니다. 이렇게 되어 우리는 점점더 만들 수

없는 것으로 추방당하게 되고, 가작성의 최대의 작품들은 그 자체로 만들 수 없는 것을 지시해 주고 있는 실정입니다. 말하자면 원자력 산업 및 거기로부터 파생되는 모든 것은 부지불식간에, 간접적으로 전혀 돌이킬 수 없는 지경에 이르러 있습니다. 저는 이것을 이 책의 한 장에서 다루어지는 가작성의 유토피아라고 이해합니다.

양우석 : 저는 유럽 문화 일반을 결정적으로 규정하는 것을 기술적 사고 방식, 즉 선생님의 용어로 가작성이라고 간주하는데, 어떤 점에 그 긍정적 성과가 있다고 보시는지요?

바루치 : 가작성의 차원은 오늘날 계속 증가하는 경향을 보입니다. 이는 경제적·기술적으로 어떻든간에 새롭고 광범한 긍정적 성과로 평가할 수 있습니다. 순수한 제작 가능성이 담지하는 분명히 새로운 품질은 가측정성(자연과학) 및 가제어성(자동 제어학)의 성과에 속합니다. 우리가 산출해 내기도 하고 또한 그것으로 말미암아 의견 교환을 할 수도 있는 잠재적 실재성에 관하여 (von virtuellen Realität) 언급되는 형편입니다. 지금 여기에 부지불식간에 연관되는 헤겔의 중재 개념도 한번 생각해 보세요. 물론 저는 원칙적으로 긍정적 성과만이 문제시된다는 데 대해서는 의문이 생깁니다. 의견 교환(Kommunikation)에 관한 언급도 역시 그러합니다.

양우석 : 가작성이란 기술의 한 범주로서 오성 (Verstand)과 내면적으로 묶여 있다고 가정한다면, 가작성을 현대의 삶의 형식과 조화시키기 위하여는 오성에게 과제가 부여된다

고 봅니다. 말하자면 이 과제란 이기적 오성의 권능을
제한하라는 것입니다. 오성은 자기가 원하는 대로 모든
것을 만들어서는 안 됩니다. 그러나 반대로 오성은 그
가 원하는 대로 모든 것을 만들 수 있다고 자처합니다.
만일 오성이 자기의 가작성을 제한할 수 없다면, 이로
부터 많은 불행한 결과들, 즉 자연과 인간의 파괴가 초
래됩니다. 이기적 오성이 자신의 권능을 스스로 제한할
수 있다고 보십니까?

바루치 : 이 다섯번째 질문 및 숙고는 매우 다기화되어 있고 또
한편으로는 오해의 소지가 있다고 봅니다. 선생의 질문
은 또한 칸트, 특히 헤겔이 행했던 이성과 오성의 구별
의 배경으로부터 비롯되는 듯하군요. 제가 보기에 여기
서 오성은 자기 자신에 관한 권능이 없습니다. 비록 스
스로는 이를 가지고 있다고 상상하고, 또 그렇게 되려
고 스스로를 계몽했지만 말입니다. 오늘날까지 계속 진
행되고 있는 계몽의 세대는 보다더 나은 오성을 제공하
려고 했습니다. 자유라는 새로운 오성 개념, 즉 자율
(Autonomie)도 이에 속합니다. 물론 이 가운데에는 이
성 개념이 들어 있는 것 같으나 저는 이를 의문시합니
다. 자율이란 내가 스스로 자유를 규정함을 의미합니
다. 그러나 이미 자유라는 독일어 용어(물론 그리스어
의 자유 개념도)가 이와는 다르고 또한 그 이상을 말해
줍니다. 자유에서 도달하고 보존해야 할 것은 자유로운
것과 열려진 것(das Freie und Offene)입니다. 자율이란

결국 자기 규정 (Selbstbestimmung) 인데, 이를 오성과 관
련지어 보면 자기 제한을 의미합니다. 그러나 이는 성
공하지 못할 것 같습니다. 모든 것이 이와는 반대의 것
을 말해 줍니다. 여기에서 어느 누가 도울 수 있겠습니
까? 우리는 우리가 원하는 모든 것을 오성에 맞추어 만
들 수 있습니다. 그러나 이성은 이와는 다른 것을 말해
줍니다.

양우석 : 저의 소견으로는 선생님 저작의 귀결은 동아시아의 전
통 사상에 접근하는 듯하군요. 그렇지 않습니까? 그러
나 서양 철학의 최고봉은 어떤 의미로는 여전히 동양 철
학의 이 편*에 머물러 있는 듯하군요. 서양 철학의 근
본 동기는 본질적으로 이론적 형이상학에 의하여 부여
되어 있으니 말입니다. 이와는 달리 아시아 철학의 기
본 태도는 원래 유럽에서의 실천 개념과는 다른 의미에
서 실천적입니다. 저의 견해를 어떻게 보시는지요?

바루치 : 옳게 추측하셨습니다. 선생께서는 형이상학 또는 이론
(Theorie) 을 서양 철학의 본래적 첨단으로 보고 계시는
데, 한편으로는 이에 동의합니다만 다른 한편으로는
"실천"이란 고전 철학의 포괄적 근본 개념이라는 점을
지적하고 싶습니다. ** 테오리아란 최고의 의미에서 실

---

* 이 편 (disseits) · 저 편 (jenseits)의 분리 기준은 주관이 아니라
사태이다. "동양 철학의 이 편"이란 아직 동양 철학의 수준에
이르지 못함을 뜻한다. 반대로 "동양 철학의 저 편"이란 동양
철학의 수준을 넘어서 있음을 뜻한다 — 옮긴이 주.

천으로 일컬어졌으니 말입니다. 여기서 문화들의 관계
에 새롭게 접근해야 할 것 같습니다. 우리는 아마도 동
양 문화로부터 우리가 근원적으로 실천이라는 개념으로
표현하고자 했던 것이 무엇인지를 재발견해야만 할 듯
합니다. 근세와 오늘날에 이르기까지 그야말로 실천 개
념은 전혀 숙고되지 아니하였고, 따라서 전혀 엉뚱하게
되어 버렸습니다. 말하자면 기술이나 노동을 실천으로
이해했던 것입니다. 마르크스도 실천 개념을 전환시키
고자 했습니다. 그러나 마르크스에 있어서나 또는 훨씬
그 이전의 근세에 벌써 실천 개념으로써 겨냥했던 것은
근원적으로 유럽적 실천 개념과는 전혀 무관했습니다.

양우석 : 우리는 종종 현대 기술, 예를 들어 컴퓨터가 재래식 기
술과는 달리 자연과 인간에게 적대적이 아니라는 말을
듣습니다. 아니, 정반대로 컴퓨터는 현대 정보 사회에
있어서의 인간의 생활을 돕고 있습니다. 그래서 컴퓨터
를 "정신의 새로운 날개"라고들 하지요. 만일 그렇다면

** 바루치 교수의 대답은 아직 정확히 동양 철학과 서양 철학의 차
이점에 착안하지는 못하는 듯하다. 서양 철학의 최고봉으로서의
실천이란 자기 자신 또는 진리에의 침잠 혹은 관조(Sehen, theo-
ria)인 데 반해서 동양 철학의 실천이란 인륜적 인간(사회) 관계
가운데서의 자기 수양이기 때문이다. 전자에서는 형이상학적 성
찰이 중요한 반면, 후자에서는 형이상학적 차원이 아닌 현세적
차원에서의 자기 인격의 수양이 주요 관심사이다. 단 여기서의
동양 철학이란 유가 사상으로 대표된다—옮긴이 주.

재래식 기술을 모델로 하여 정위된 기술에 대한 부정적 평가는 시정되어야만 할 것 같습니다. 선생님께서는 이 문제를 자신의 지금까지의 기술 고찰과 연관지어 어떻게 판단하십니까?

바루치 : 만일 재래식 기술이 인간과 자연에게 적대적이라고 생각된다면, 이는 이 기술이 인간과 자연을 지배했기 때문일 것입니다. 이는 인간과 자연을 약탈하는 지경에까지 이르렀습니다. 그러면 컴퓨터나 기타 이와 연관된 기술에서 보듯이, 이러한 기술(재래식 기술)을 벗어날 수 있을까요? 이는 지배와 억압의, 새로운 날개인지도 모릅니다. 바로 이것이 정신의 새로운 날개가 되는 그 순간에 말입니다. 새로운 정보 기술, 의사 소통 기술을 갖춘 정신과 지배(Herrschaft) —이로써 우리는 새로운 지배 기술을 가지는 셈이지요. 정보 기술과 의사 소통 기술이란 철학적으로 보면 정신 기술일테니 말입니다. 여기서 미해결로 남는 문제는 도대체 더 좋은 정보를 얻고 더 많은 의사 소통을 필요로 하는가 하는 것입니다. 의사 소통 기술을 향상시킨다고 해서 정보의 실천(Informationspraxis)도 개선될까요? 선생의 질문에 대해 저는 이 물음으로써 답하고자 합니다.

양우석 : 저는 선생님의 저술을 통해서 선생님께서 나름대로 어떤 헤겔 이해를 가지고 있음을 알게 되었습니다. 기술과 삶의 형식에 대한 선생님의 문제 제기를 어떻게 헤겔 철학과 연관지어 파악할 수 있을까요? 헤겔 철학은 이

저작에서 어떤 역할을 하는지요?

바루치 : 제가 이 책에서 자동 제어학적 규칙 시스템 및 모든 컴
퓨터 시스템이 이에 속하는 전체 자동기 시스템인 자동
화(Automation)를 자율의 객관화(Objektivierung von Au-
tonomie)라고 서술하려 시도했을 때, 이는 헤겔과 관계
되며, 또한 존재 이해 및 안전 존재에 관한 하이데거의
이론도 마찬가지입니다. 요약한다면 존재하는 것(was
ist)은 손 안에 있음을 뜻합니다. 존재하는 것이란 헤겔
식으로 이해하면 개념(Begriff)입니다. 하이데거에 의하
면 존재하는 것은 존재 이해 가운데에 나타난다고 합니
다. 하이데거에게 있어 헤겔은 커다란 적대자이지만,
양자는 여기서 보면 그렇게 멀리 떨어져 있지 아니합니
다. 이 점은 부정성(Negativität)에 관한 아직 출간되지
않은—출판하기 위하여 판독하여 옮겨 적고 있다—하
이데거의 유고가 간행되면 비로소 잘 알게 되겠지요.
어떻든 하이데거와 헤겔은 우리에게 기술 철학—선생께
서 이렇게 부르고자 한다면—에 관하여 할 말이 많을
것입니다. 물론 하이데거는 헤겔을 넘어서려 했지요.
그러나 그는 자기 자신도 넘어섰어야 했습니다. 말하자
면 그는 결국 존재 이해까지도 추월해 나아가려 했던 것
입니다. 과거 그 어느 때보다도 더 우리는 지금 헤겔과
하이데거의 입장에 서게 되었습니다. 개념이란 존재를
손에 가지고 있음, 또는 존재 이해 가운데에 있음을 의
미하는데, 우리는 이러한 상황을 컴퓨터에 가지고 있습

니다. 어린이조차도 컴퓨터로 전세계를 상대로 하여 놀
이할 수 있습니다. 선생은 헤겔과 관련지어 기술과 삶
의 형식에 대하여 질문하셨는데, 저의 지금까지의 대답
이 모두 기술에 관한 것입니다. 삶의 형식에 관한 한,
헤겔에게서는 조금 다른 무엇을 배울 수 있을 것 같군
요. 헤겔은 그의 법철학에서 이를 서술하려 했는데, 일
종의 인륜적 법(ein sittliches Recht)에 관한 전망을 개진
하려 했습니다. 오늘에 이르기까지 우리는 이 법의 개
념 및 이해에는 이르지 못하고 있는 실정입니다. 물론
그 정치적 법에 있어서의 소질은 아리스토텔레스에 있
고, 저는 이를 오늘날 헌법에서 목격하고 있습니다. 이
에 관해서는 제가 《자유의 미래》라는 책의 헤겔에 관한
장(章)에서, 그리고 헌법과 인륜의 법의 문제가 중심을
이루는 나의 법철학*에서 몇 가지를 지적하고자 시도하
고 있습니다. 저는 당시 법과 삶의 형식에 관한 이러한
문제가 중심이 되는 어떤 법철학 책에 삽입할 몇 가지
연구에 손대고 있었습니다.

양우석 : 유럽 문화의 부정적 측면을 어디서 찾을 수 있다고 보십
니까?

바루치 : 상업주의와 이것이 표현되어 나타난 것에서 찾습니다.
우리는 비단 경제에서만 상업적인 것은 아닙니다. 경제

---

* A. Baruzzi, *Freiheit, Recht und Gemeinwohl : Grundfragen einer Rechts-*
philosophie (Darmstadt, 1990) 참조—옮긴이 주.

에서는 좁은 의미에서만 상업적이죠. 우리가 학문에 있어서 또는 바로 가작성의 중심점에서 가지고 있듯이, 보다 중요한 것은 상업적 사고, 또는 많이 가지려는 욕구입니다. 또는 우리의 테마에 맞추어 공식화한다면, 소유할 수 있는 것은 소유하고, 아직 소유할 수 없는 것은 소유할 수 있도록 만들어라라는 슬로건이 되겠죠. 이것이 비록 긍정적으로 보인다 하더라도 이것은 상업의 본래적으로 부정적인 측면입니다. 그러나 이 부정적 측면은 비단 저만이 아니라 플라톤과 아리스토텔레스 이래의 모든 현실적 철학이 비판해 왔습니다.

양우석 : 《대안적 삶의 형식》의 제 2 판이 출간된다고 들었습니다. 수정 부분이 있습니까?

바루치 : 중심 문제를 책의 서두에서 서술하기 위하여 가작성에 관한 서론을 썼습니다. 그 다음으로 1 장에 가작성의 진화라는 보다 큰 문제를 삽입했습니다. 이는 특히 진화론과 기술 철학의 연관성에 해당합니다. 여기서는 가작성이 자연과 기술의 특징으로 서술되며, 이 기술을 진화적으로 능가하려고 시도하고 있습니다. 마지막으로 새로운 결론을 넣은 장을 삽입했는데, 여기서는 다시금 요약적으로 인간은 실제로 살기 위하여, 즉 실천하기 위하여 무엇을 필요로 하는가, 삶의 좋은 상태 (areté: 덕이라 번역하는 것은 맞지 않음)란 어디에 성립하는가라는 물음을 제기합니다.

양우석 : 선생님께서는 이전에 《인간과 기계》(*Mensch und Maschine,*

1973), 《자유의 미래》를 출간하셨는데, 《대안적 삶의 형식》은 이 두 저서와 어떤 관계입니까?

바루치 : 《인간과 기계》는 "기계적 사유"(Denken sub specie machinae)에 대한 물음을 추적합니다. 이 후자가 무엇보다도 본래의 책 제목이었는데, 단지 출판 목적상 이렇게 제목을 바꾸었습니다. 오늘날의 안목과, 선생이 제출한 질문을 관련지어 보면 "기계적 사유"란 가작성의 관점에서 본 사유라는 뜻입니다. 그 당시 저는 이를 위하여 근세 및 현대 사유의 원리적 정위점을 연구하였습니다. 《자유의 미래》는 자유에 대한 오랫동안의 숙고 사항을 역사적·체계적으로 계속 전개하며, 어떤 의미로는 이를 마무리하려 합니다. 지금은 절판된 초기의 작은 저술 《유럽적 인간상과 독일 연방 기본법》(*Europäisches Menschenbild und das Grundgesetz für die Bundesrepublick Deutschland*)은 자율을 비판하는데, 이는 먼저 《근세 정치 철학 입문》(*Einführung in die politische Philosophie der Neuzeit*)에서 전개된 후 《자유의 미래》에서 일종의 결론에 도달했습니다. 《자유의 미래》는 전적으로 독일의 재통일에 의하여 규정된 동기에 의하여 씌어졌습니다. 이 책은 본래 "자유의 철학"으로 불리어졌어야 마땅했습니다. 이것이 제목으로는 더 적합했을 것입니다. 그러나 저는 이 책을 《자유의 미래》라 했는데, 그것은 이 책이 정치적 동기에서 씌어졌고 또 직접적인 계획이 없는 상태에서 준비된 것이기 때문입니다. 이제 《대안적 삶의 형식》과의

연관에 대하여 이야기해 봅시다. 선생께서 제시한 책
세 권은 모두 가작성을 비판합니다. 《자유의 미래》는
거의 모든 장, 특히 서론과 결론에서 자유와 가작성의
연관성을 많이 다루고 있습니다. 여기서는 자유와 가작
성이, 《대안적 삶의 형식》에서는 삶의 형식과 가작성이
다루어집니다. 여기에 그 연관성이 있습니다.

양우석 : 마지막으로 한국 독자들에게 하시고 싶은 말씀이 있으
신지요?

바루치 : 선생께서 옮긴이의 주를 붙여 주신 저의 한국어판 서문
을 참조해 주십시오. 원서의 제2판 5장에 제기된 "사
유에 맞추어 사느냐, 삶에 맞추어 사유하느냐?"라는
질문을 한국 독자들에게 제기하고 싶습니다.

참고문헌

Aristoteles, *Metaphysik*, 제 2 권, hrsg. H. Seidl (Hamburg, 1978 ~ 1980).

————, *Nikomachische Ethik*, übers. H. Rolfes, neu hrsg. G. Bien (Hamburg, ⁴1985).

————, *Politik*, übers. E. Rolfes, neu hrsg. G. Bien (Hamburg, 1981).

————, *Über die Seele*, übers. W. Theiler (Darmstadt, 1959).

Bacon, F., *Novum Organum*, dt. Ausgabe: *Neues Organ der Wissenschaften*, übers. und hrsg. A.Th. Brück, fotomechan (Nachdruck der 1. Aufl. Leipzig, 1830, Darmstadt, ²1962).

Bahro, R., *Die Alternative. Zur Kritik des real existierenden Sozialismus* (Köln, Frankfurt a.M., 1977).

Baruzzi, A., *Mensch und Maschine. Das Denken sub specie machinae* (München, 1973).

————, *Was ist praktische Philosophie?* (München, 1976).

————, *Europäisches "Menschenbild" und das Grundgesetz für die Bundesrepublik Deutschland* (Freiburg/München, 1979).

————, "Werte und Normbildung", in H. Klages und P. Kmieciak

(Hrsg.), *Wertwandel und gesellschaftlicher Wandel* (Frankfurt a.M., New York, 1979), 437 ~ 443면.

──────, "Güter der Polis-Werte der Gesellschaft. Überlegungen zu einem prinzipiellen Wandel", in H. Stachowiak (Hrsg.), *Bedürfnisse, Werte und Normen im Wandel*, 제1권 : *Grundlagen, Modelle, Prospektiven* (München, Paderborn, Wien, Zürich, 1982), 51 ~ 69면.

──────, *Recht auf Arbeit und Beruf? Sieben philosophisch-politische Thesen* (Freiburg/München, 1983).

──────, *Einführung in die politische Philosophie der Neuzeit* (Darmstadt, 1983).

Becker, J. u. a.(Hrsg.), *Wertepluralismus und Wertewandel heute* (Schriften der Philosophischen Fakultäten der Universität Augsburg, 23)(München, 1982).

Bell, D., *Die nachindustrielle Gesellschaft* (Frankfurt a.M., New York, 1975).

Bien, G., *Die Grundlegung der politischen Philosophie bei Aristoteles* (Freiburg/ München, ³1985).

Borgmann, A. *Technology and the Character of Contemporary Life: A Philosophical Inquiry* (Chicago, London, 1984).

Boyle, G., und Harper, P.(Hrsg.), *Radical Technology* (London: Wild wood House, 1976).

Brand, K.W., Büsser, D. und Rucht, D., *Aufbruch in eine andere Gesellschaft. Neue soziale Bewegungen in der Bundesrepublik* (Frankfurt a.M., 1983).

Brockhaus-Wahrig, *Deutsches Wörterbuch in sechs Bänden* (Wiesbaden, Stuttgart, 1980 ~ 1984).

Cassirer, E., *Das Erkenntnisproblem in der Philosophie und Wissenschaft der neueren Zeit*, 제1권(Darmstadt, 1974).

Chantraine, P., *Dictionnaire Etymologique de la Langue Grecque* (Paris, 1983).

Colombo, A., *Le società del futuro. Saggio utopico sulle società postin-*

dustriali (Bari, 1978).

Commoner, B., *The Closing Circle* (New York, 1971).

Deutsche UNESCO-Kommission Bonn, *Wandlung von Verantwortung und Werten in unserer Zeit (Evolution of Responsibilities and Values Today)* (München, New York, London, Paris, 1983).

Dickson, D., *Alternative Technologie. Strategien der technischen Veränderung* (München, 1978).

Duve, F.(Hrsg.), *Technologie und Politik. Magazin der Wachstumskrise*, 제 1 권 이하 (Hamburg, 1975 이하).

Etzioni, A., *Die aktive Gesellschaft. Eine Theorie gesellschaftlicher und politischer Prozesse* (Opladen, 1975).

Frisk, H., *Griechisches Etymologisches Wörterbuch* (Heidelberg, 1973).

Gabor, D. u. a.(Hrsg.), *Das Ende der Verschwendung. Zur materiellen Lage der Menschheit, Ein Tatsachenbericht an den Club of Rom* (Stuttgart, 1976).

Garaudy, R., *Die Alternative. Ein neues Modell der Gesellschaft jenseits von Kapitalismus und Kommunismus* (Wien, München, Zürich, 1973).

Gehlen, A., *Anthropologische Forschung* (Hamburg, 1961).

———, *Der Mensch. Seine Natur und seine Stellung in der Welt* (Frankfurt a. M., Bonn, [7]1962).

v. Gizycki, H. und Habicht, H.(Hrsg.), *Oasen der Freiheit. Von der Schwierigkeit der Selbstbestimmung* (Frankfurt a.M., 1978).

Gorz, A., *Ökologie und Politik. Beiträge zur Wachstumskrise* (Reinbek bei Hamburg, 1977).

Günther, H., *Die verwöhnte Generation? Lebensstile und Weltbilder 14- bis 19jähriger. Eine empirische Untersuchung* (Köln, 1982).

Häberle, P., Arbeit als Verfassungsproblem, in *Juristenzeitung* (JZ), 39 (April 1984), Heft 8, 345 ~ 355면.

———, "Aspekte einer Verfassungslehre der Arbeit", in *Archiv des öffentli-*

chen Rechts, 109 (1984), Heft 4, 630 ~ 655면.

Halder, A., "Aktion und Kontemplation", in *Christlicher Glaube in moderner Gesellschaft*, hrsg. F. Böckle, F.-X. Kaufmann, K. Rahner, B. Welte, Teilband 8 (Freiburg, Basel, Wien, 1980), 71 ~ 89면.

Hegel, G.W.F., Werke in zwanzig Bänden, 제7권: *Grundlinien der Philosophie des Rechts* (Frankfurt a.M., 1970).

Heidegger, M., *Vorträge und Aufsätze* (Pfullingen, 1954).

———, *Der Satz vom Grund* (Pfullingen, 1957).

———, *Gelassenheit* (Pfullingen, 1959).

———, *Nietzsche*, 제2권(Pfullingen, 1961).

———, *Die Technik und die Kehre* (Pfullingen, 1962).

———, *Zur Sache des Denkens* (Tübingen, 1969).

———, "Brief über den Humanismus", in *Wegmarken* (Gesamtausgabe, 제9권(Frankfurt a.M., 1976).

———, *Sein und Zeit* (Gesamtausgabe, 제2권)(Frankfurt a.M., 1977).

———, *Einführung in die Metaphysik* (Gesamtausgabe, 제40권(Frankfurt a.M., 1983).

Heilbronner, R., *An Inquiry into the Human Prospect* (New York, 1975).

Hillmann, K.-H., *Umweltkrise und Wertwandel. Die Umwertung der Werte als Strategie des Überlebens* (Frankfurt a.M., 1981).

Hirsch, F., *Social Limits to Growth* (Cambridge, Mass., 1976).

Hobbes, Th., *Thomae Hobbes Malmesburiensis Opera Philosophica quae Latine Scripsit Omnia*, ed. W. Molesworth, 제5권(London, 1839 ~ 1845, Nachdruck Aalen, 1961/1962).

Hollstein, W., *Die Gegengesellschaft. Alternative Lebensformen* (Bonn, 1979).

Huber, J.(Hrsg.), *Anders arbeiten–Anders wirtschaften* (Frankfurt a.M., 1979).

———, *Wer soll das alles ändern. Die Alternativen der Alternativbe-wegung* (Berlin, 1980).

205
• • •
참고문헌

Inglehart, R., *The Silent Revolution. Changing Values and Political Styles Among Western Publies* (Princetown, N.J., 1977).

Jonas, H., *Das Prinzip Verantwortung. Versuch einer Ethik für die technologische Zivilisation* (Frankfurt a.M., 1979).

Kahn, H., *Vor uns die guten Jahre* (Wien, München, Zürich, Innsbruch, 1977).

Kant, I., *Gesammelte Schriften*, hrsg. der Preußischen Akademie der Wissenschaften (Berlin, 1902 이하).

Klages, H. und Kmieciak, P.(Hrsg.), *Wertwandel und gesellschaftlicher Wandel* (Frankfurt a.M., New York, 1979).

Kraushaar, W.(Hrsg.), *Autonomie oder Getto: Kontroversen über die Alternativbewegung* (Frankfurt a.M., 1978).

Krings, H., *System und Freiheit* (Freiburg/München, 1980).

Langguth, G., *Die Entwicklung der Protestbewegung in der Bundesrepublik 1968 ~ 1978* (Köln, 1978).

Lem, St., *Summa technologie* (Frankfurt a.M., 1976).

Lipp, W.(Hrsg.), *Konformismus-Nonkonformismus* (Darmstadt und Neuwied, 1975).

Lobkowicz, N., *Theory and Practise. History of a Concept from Aristotle to Marx* (Notre Dame, London, 1967).

Locke, J., *The Second Treatise of Government*, 독일어본: *Über die Regierung*, hrsg. P.C. Mayer-Tasch (Stuttgart, 1974).

Lovins, A.B., *Soft Energy Paths. Toward a Durable Peace* (San Francisco, New York, 1977).

Marx, W., *Gibt ers auf Erden ein Maß?* (Hamburg, 1983).

Maurer, R., *Revolution und "Kehre"* (Frankfurt a.M., 1975).

――――, *Ökologische Ethik*, in *Allgemeine Zeitschrift für Philosophie* (1982), Heft 1, 17 ~ 39면.

Mayer-Tasch, P.C., *Ökologie und Grundgesetz. Irrwege, Auswege* (Frankfurt a. M., 1980).

————, *Die Bürgerinitiativbewegung. Der aktive Bürger als rechts- und politikwissenschaftliches Problem* (Hamburg, 1976, 완전히 새롭게 개정된 제 4판, 1981).

Menne, W., *Neue Sensibilität. Alternative Lebensmöglichkeiten* (Darmstadt und Neuwied, 1974).

Merlan, Ph., "Zum Problem der drei Lebensarten", in *Philosophisches Jahrbuch*, 74 (1966), 217 ~ 219면.

Meyer-Abich, K.M. und Birnbacher, D.(Hrsg.), *Was braucht der Mensch, um glücklich zu sein. Bedürfnisforschung und Konsumkritik* (München, 1979).

Müller, M., *Der Kompromiß oder Vom Unsinn menschlichen Lebens. Vier Abhandlungen zur historischen Daseinsstruktur zwischen Differenz und Identität* (Freiburg/München, 1980).

Müller, S., "Dimension und Mehrdeutigkeit der Technik. Die Erörterung des Technischern bei M. Heidegger und in der gegenwärtigen Reflexion", in *Philosophisches Jahrbuch*, 90 (1983), 277 ~ 298면.

Obermeier, O.P., *Poppers "Kritischer Rationalismus"* (München, 1980).

————, "Technologisches Zeitalter und das Problem der Ethik", in *Philosophisches Jahrbuch*, 88 (1981), 426 ~ 441면.

————, "Wissenschaft als Chance zur Verantwortung", in *Allgemeine Zeitschrift für Philosophie* 9 (1984), Heft 1, 31 ~ 56면.

Otto, M.A.C., *Der Anfang. Eine philosophische Meditation über die Möglichkeit des Wirklichen* (Freiburg/München, 1975).

Pico della Mirandola, G., *De dignitate hominis*, lat. und dt. von H. Reich (Bad Homburg, 1968).

Pieruschka, E., *Principles of Reliability* (New York, 1963).

Platon, *Werke in 8 Bänden*, griechisch und deutsch, hrsg. G. Eigler

(Darmstadt, 1970 ~ 1983).

Rapp, F.(Hrsg.), *Naturverständnis und Naturbeherrschung* (München, 1981).

Rausch, H., *Theoria. Von ihrer sakralen zur philosophischen Bedeutung* (München, 1982).

Renn, O., *Die sanfte Revolution:Zukunft ohne Zwang?* (Essen, 1980).

Rombach, H., *Phänomenologie des gegenwärtigen Bewußtsein* (Freiburg/München, 1980).

————, *Welt und Gegenwelt. Umdenken über die Wirklichkeit. Die philosophische Hermetik* (Basel, 1983).

————, "Philosophische Zeitkritik heute. Der gegenwärtige Umbruch im Licht der Fundamentalgeschichte", in *Philosophisches Jahrbuch*, 92(1985), 1 ~ 16면.

Ryffel, H. und Schwartländer, J.(Hrsg.), *Das Recht des Menschen auf Arbeit* (Kehl, Straßburg, 1983).

Schirmacher, W., *Technik und Gelassenheit. Zeitkritik nach Heidegger* (Freiburg/München, 1983).

Schmidt, H., *Die anthropologische Bedeutung der Kybernetik. Reproduktion dreier Texte aus den Jahren 1941, 1953 und 1954* (Grundlagenstudien aus Kybernetik und Geisteswissenschaft, 제 6권) (Quickborn, 1965).

Schumacher, E.F., *Es geht auch anders. Jenseits des Wachstums, Technik und Wirtschaft nach Menschenmaß* (München, 1974).

————, *Die Rückkehr zum menschlichen Maß. Alternativen für Wirtschaft und Technik* (Hamburg, 1977).

Schwan, A., *Grundwerte der Demokratie. Orientierungsversuche im Pluralismus* (München, 1978).

————, "Pluralismus und Wahrheit", in *Christlicher Glaube in moderner Gesellschaft*, 제19권 (Freiburg, Basel, Wien, 1981), 143 ~ 211면.

Schwendter, R., *Theorie der Subkultur* (Köln, 1973); 7년 후 후기를 첨부

한 신판(Frankfurt a.M., 1978).

Sebba, G., "Zeitkritik nach Heidegger", in *Philosophisches Jahrbuch*, 92 (1985), 142 ~ 148면.

Stachowiak, H. u. a.(Hrsg.), *Bedürfnisse, Werte und Normen im Wandel*, 제 1 권: *Grundlagen, Modelle und Prospektiven*, 제2권: *Methoden und Analysen* (München, Paderborn, Wien, Zürich, 1982).

Strauss, L., *Hobbes' Politische Wissenschaft* (Neuwied/Berlin, 1965).

Ströker, E., *Ich und die Anderen. Die Frage der Mitverantwortung* (Frankfurt a. M., 1984).

Suhr, D., "Freiheit durch Geselligkeit. Institut, Teilhabe, Verfahren und Organisation im systematischen Raster eines neuen Paradigmas", in *Europäische Grundrechte* (EuGRZ), 11 (November 1984), Heft 20, 529 ~ 547면.

Takeichi, A., "Was zur Auslegung nötigt", in Y. Nitta (Hrsg.), *Japanische Beiträge zur Phänomenologie* (Freiburg/München, 1984), 91 ~ 112면.

Theunissen, M., *Selbstverwirklichung und Allgemeinheit. Zur Kritik des gegenwärtigen Bewußtseins* (Berlin, New York, 1982).

Touraine, A. u. a.(Hrsg.), *Jenseits der Krise. Wider das politische Defizit der Ökologie* (Frankfurt a.M., 1976).

Ullrich, O., *Technik und Herrschaft. Vom Hand-Werk zur verdinglichten Blockstruktur industrieller Produktion* (Frankfurt a.M., 1977).

Vonderach, G., "Die 'neuen Selbständigen'. 10 Thesen zur Soziologie eines unvermuteten Phänomens", in *Mitteilungen aus der Arbeitsmarkt- und Berufsforschung*, 13, hrsg. K.M. Bolte u. a.(1980), Heft 2, 153 ~ 169면.

Wenke, K.E. und Zilleßen, H.(Hrsg.), *Neuer Lebensstil-verzichten oder verändern?* (Opladen, 1978).

Weyl, H., *Philosophie der Mathematik und Naturwissenschaft* (München, Wien, ³1966).

이름찾기

내용찾기

·